人生に奇跡を起こす

わらしべ長者の魔法

情報は発信する人に集まってくる

アパホテル株式会社
代表取締役専務

元谷 拓

はじめに

〈わらしべ長者〉の昔話に隠された成功のヒント

突然ですが、〈わらしべ長者〉という昔話をご存じですか？

子供のころに読んだことがある、という方も多いのではないでしょうか。

じつは、**この話には、お金持ちになって幸せになるための重要なエッセンスが隠されています。**実際、**私の周りに実在する成功者たちは皆〈わらしべ長者〉的**であり、人を気持ちよくさせるための魅力的な魔法を知っています。

あなたがもし、ビジネスで成功したい、幸せになりたい、重要なキーパーソンとつながって、素晴らしい人脈を手に入れたい、お金持ちになりたい……という願望をお持ちでしたら、私の、そしてこれから登場する**実在の〈わらしべ長者〉たちの思考法や人脈作り、そして人に喜ばれ、役に立ちながら、ビジネスを成功に導く錬金術**が必ず役に立つと信じています。

まずは、昔話のおさらいからお付き合いください。

わらしべ長者

昔々、あるところに一人ぼっちの貧乏な若者がいました。若者は貧乏に堪えかねて、観音様にお願いをしに行きました。「どうかお金持ちになれますように」お願いを続けたところ、観音様からお告げがありました。

「この寺を出たら、おまえがその手で最初につかんだものを大切にしなさい」

若者は門から出るとすぐに転んでしまいました。

その時、1本のわらをつかみました。わら1本では何の役にも立たないと思いましたが、若者はわらを持って歩きはじめました。

若者が歩いていると、1匹のアブが飛んできて、彼の顔の周りをぶんぶん飛び回りました。若者はそのアブを捕まえて、わらの先に結びつけて遊んでいました。

すると、そのアブを見た子どもが欲しいと言いました。

若者は、わらに結んだアブを子どもにあげました。

そのお返しにと、その子どものお母さんは彼にみかんを3つくれました。

若者は、わらがみかんになったと喜びました。


若者が歩き続けていると、苦しんでいる女性と会いました。

「暑さでのどが渇いています」

水を持っていなかったので、若者はその女性に水の代わりにみかんをあげました。

女の人は、みかんを食べると元気になりました。

そして、みかんのお礼に美しい布を若者にくれました。

若者は3つのみかんが美しい布になったと喜びました。

若者がまた歩いていると、道端で男の人が倒れた馬を相手に困っていました。

「馬と布を交換するために市場へ行く途中でしたが、馬が病気になってしまい、一歩も進めなくなってしまったのです」


若者は、持っていた布を差し出して、病気の馬と交換してあげました。

すると男の人は大喜びで村へ帰って行きました。若者は一晩中一生懸命、馬の看病をしました。すると翌朝には馬は元気になりました。若者は美しい布が馬になったと喜びました。


若者はその馬に乗って旅を続けました。

すると旅の準備をしている家がありました。

そこの主人は若者の馬を見て「私はこれから旅に出るつもりで、馬が必要なのです。私の家や田んぼをその馬と交換してもらえませんか」と言いました。

若者は快諾し、家を得ました。若者は馬が家と田んぼになったと驚きました。

若者は立派な家と田んぼをもらい大金持ちとなりました。そして若者はわら1本から大金持ちになったので〈わらしべ長者〉と呼ばれるようになりました。

おしまい。

＊＊＊

〈わらしべ長者〉＝若者は、最終的に大きな利益を得て幸せに暮らす人生を手に入れたわけです。

この話で注目したいのは、**相手が若者に寄ってきて、若者の持ち物であるモノに魅力と価値を感じ、交渉を申し出ている**点です。

また、若者は、「相手を喜ばす」「相手のためになるなら」という理由で、自分の持ち物を喜んで差し出しています。

モノの価値は人それぞれであり、物々交換を申し出た人々は、若者が持つものを、それぞれの事情により今すぐ手に入れる必要があったということです。

このように、相手の情報や事情を知ることになるきっかけは、若者が持っているものをオープンに見せて歩いたことにあります。それは、道行く人に**情報を発信していた**とも言えるでしょう。また、相手のニーズに応えられる「人のためになるなら」という若者の心構えも、取引を気持ちよく行い、両者にとって幸せになるWIN・WINの結果を導いた大きな要因になっているのではないかと思うのです。

若者は最初、何も持っていませんでした。そして「最初につかんだもの」をきっかけに、ニーズに見合った価値の等価交換をしていくわけです。

現代でも、モノの価値は人によって評価が異なります。近年賑わいを見せているオークションサイトやフリマアプリを見ても「こんなものがこんな値段で売れた⁉」というケースを目にすることもあるのではないでしょうか？

お金の価値だけではなく、**人々が感じるさまざまな思い出やニーズによって、モノの価値が変わっていく時代**が来ているのかもしれません。

情報を発信して、人を集め、相手のニーズにスピーディーに応え、そして喜んで人の役に立つビジネスを進める。その結果、お互いが幸せになる。

これはまさに私自身の心がけであり、実際に数多くのビジネスシーンでこの**〈わらしべ長者〉的思考**が、さまざまな企業との素晴らしいコラボレーションを生み出しています。

このように、**人と人をつなぎ、モノとモノをつなぐと化学反応が起き、〈わらしべ長者〉の法則が働くという奇跡**をこれまで私自身が何度も経験してきました。

この本では、〈わらしべ長者〉的思考をどうビジネスに活かすか、その実例や具体的な方法をご紹介していきたいと思います。それによって、「今は何も持っていない」という状況から、どのようなビジネスチャンスをつかみ、人やモノをつなげて、どう発展させていくのか、というあなた自身の「わらしべ長者物語」のヒントとして、役立てていただけたら幸いです。

じつは、アパグループも、２０２1年5月10日に創業50周年を迎えるのですが、まさに奇跡の連続を起こし続けた結果、日本一の客室数を誇るホテル企業へと成長しました。そして49年間一度も赤字を出さずに、すべての業績を黒字化しています。この数字もまさに奇跡的で、そのような企業は世の中のすべての会社の中でも、０．０００数％しか存在しません。

このアパホテルにも〈わらしべ長者〉の魔法の秘密がたくさん隠されているのです。

これからは、あなた自身が主人公になって、奇跡の「わらしべ長者物語」を始めてみませんか？

アパホテル株式会社 代表取締役専務 **元谷 拓**

目次

第2章 〈わらしべ長者〉的アプローチ法で相手に見出してもらう

第3章 情報は発信する人に集まってくる

第4章 実在する〈わらしべ長者〉たちから学ぶ成功のケーススタディ

第5章 〈わらしべ長者〉の錬金術……123

おわりに

付録

第1章

情報とチャンスは人との出会いが連れてくる

あなたは出会うべき人に出会えていますか？

あなたは知り合いが多いほうですか？　それとも少ないほうでしょうか？　今、自分の周りにいる知り合いを数えたら何人くらいを思い浮かべますか？

しばらく会っていない人、過去に知り合った人、学生時代の知り合い、最近出会った人などをざっと数えると、一般的には1人に500人くらいの知り合いが存在すると言われています。自分の知り合いが500人いたら、それぞれに知り合いが500人存在する、ということになります。知り合いの先にいる500人、そのまた先の知り合いにいる500人と3回掛け算してみると、1億2千500万人もの人数に達することになります。驚きますよね？

また、**「６次の隔たり」**という言葉をご存じでしょうか。

世界中の人間は、「知り合いの知り合い」といった関係をたどっていくと、５人の仲介者を経て、６人目でつながるという理論で、米国の社会心理学者スタンレー・ミルグラム（Stanley Milgram）が行った「スモールワールド実験」を基に提唱されている考え方です。

この、人との出会いに関する数字を考えると、**「人との出会いは面白いな」**、**「会いたい人に出会えないはずはないな」**と思うのです。

「こんなに知り合いが少ない私でも？」とにわかに信じられないと思う人もいるかもしれませんが、確率論的にはそういうことになるのです。

それでも「出会いがない」という人は、「**出会う方法を知らない**」ということになります。

出会える可能性がある範囲に、出会うべき人がいるということをぜひ知って欲しいものです。

私が尊敬する作家の中谷彰宏さんは「運命の人に出会えないのではなく、**出会った人が運命の人である**」と言っています。それは、「出会った人を大切にする」という意味も同時に持ち合わせていると思うのです。

過去の人生を振り返ってみても、親友との出会い、仕事との出会い、妻や夫、家族になる人との出会いなど「**偶然の出会いが運命だった**」ということがわかるのではないでしょうか？

「自分には運がない」「男運がない」「女運がない」と言っている人は非常にもったいない！

無意識にたぐり寄せた運を活かすことなく嘆いているのではありませんか？　今身近にある運を活かすことこそが、「良縁、強運をつかむ」ということにつながっていると、気づいて欲しいのです。

私自身も大学を卒業後、北陸銀行に就職が決まった時、希望勤務地と違う名古屋に配属となりびっくりしました。ただ、見知らぬ土地で生活することで、今まで知らなかった名古屋の魅力や素晴らしさ、多くの人とのご縁をいただき、今では第2の故郷のような気持ちを抱くようになりました。まさに住めば都です。

また、その土地でたくさんのご縁をいただいた中で今につながっている方もたくさんいます。**縁というのは不思議なものです。**

アパホテル株式会社 代表取締役社長 元谷芙美子（以下ホテル社長）の格言に「**偶然とは必然という名の運命である**」というものがあるのですが、これがまさにそれを意味していますよね。

チャンスの明暗を分ける、印象に残る人と残らない人

初対面であなたは相手の印象に残る自信がありますか？

逆に言えば、仕事や日常生活の中で、**あなたの印象に残る人はどんな人**でしたか？

印象に残る人と残らない人の差は、一体何なのでしょうか？

一言でいえば、相手が魅力的に思えるか、そうでないかだと思います。すごいイケメンや美女であれば、もちろんそれだけで相手に与える印象は相当なものでしょう。ただ、イケメンや美女だけが印象に残るわけではありませんよね？　例えば、その人のファッションや持ち物、性格、考え方に興味を持ったという場合もあるかもしれませんし、とても感じよく話しかけてくれたからかもしれません。仕事で名刺交換をしたら、名刺がとても変わっていたとか、名刺に書いてあることが、とても面白かったとか。あなたにとって有益な情報を教えてくれたからかもしれません。それは、**相手の発信した何らかの情報が、あなたにとって興味のあることだったため、そこに価値を見出し、印象に残った**ということになります。

ということは、相手から見ても同じこと。**あなたが発信している何らかの情報が、相手にとって「魅力的な価値」になれば良い**ということになります。

ここで、〈わらしべ長者〉の魔法のポイントを一つ考えてみましょう。
〈わらしべ長者〉の話の中で若者は、自分からキョロキョロと物々交換の相手を探して「もっと価値の高いものと交換してやろう」と仕掛けていったわけではありませんでしたね。そうではなく、出会った相手が若者の持っているモノに価値を見出してくれて「交換」を要求（オファー）してくることで、若者が持っているモノの価値を高めてくれていった。その結果、若者を豊かに成長させてくれたということなのです。

相手が自分の持っているものの価値を高めてくれて、それがどんどん自分を成長させてくれて、大きな豊かさとなるのであれば、**自分の持っているものに磨きをかけておく**ことも大切です。常にバージョンアップしておくための努力を続けていれば、多くの人の目に留まるようになり、**魅力や価値を見出してもらう機会が増える**ことになります。そして、さらに価値のある次のステップアップへのチャンスを高めてくれることになるのです。

自分の強み、弱みを理解することが、魅力アピールの近道

ここで大切なのは、素直さをもって相手に接し、それと同時に相手を見極めながら、**良い出会いや強運をたぐり寄せる**ことができるかどうかです。

例えば、出会った人が、「普通の人だ」と思っても、その先にすごいご縁があるかもしれない。逆に「素敵な人だな」と思って親しくなったら、詐欺師だったりする場合だってある。初対面ではなかなかわからないのが、相手の本心や、その人の背景なのです。

よく思うのは、本当のお金持ちは、お金持ちでないふりをするのが上手です。お金を持っているふりをする人は、実際は持っていないというケースが多いもの。**本当の自分というのは人間心理として見せたくないもの**であり、マスカレード（仮面）をつけていることが多いのも事実です。

お金目当てで寄ってくる人たちも多いため、お金持ちには普段から警戒心が強い人が多いのです。そういう人の心を開くのは大変でも、波長が合った時に気に入ってくれれば、アパが販売するマンションでもポンと買ってくれます。見た目だけではなかなか判断できないのが人の奥深さだと思っています。実際、私が知っているお金持ちの人は、年中Tシャツに短パン、帽子で歩いていたりするんですから。

だからこそ、普段から真贋を見抜く力も鍛えておきたいものですが、ここではまず、初対面の相手に、**自分がどう見られているのかを考えてみる**ことにしましょう。

多くの場合、自分のことが自分では見えていないことが問題です。

「ジョハリの窓（Johari Window）」という、自己分析に使用する心理学モデルの一つをご紹介しましょう。

自分自身が見た自己と、他者から見た自己の情報を分析することで次の４つに区分して自己を理解するというものです。

①自分も他人も知っている自分の性質（開放）
②自分は気づいていないが他人は知っている性質（盲点）
③他人は知らないが自分は知っている性質（秘密）
④自分も他人も知らない性質（未知）

◎ジョハリの窓

	自分にわかっている	自分にわかっていない
他人にわかっている	① 開放の窓 「公開された自己」 (open self)	② 盲点の窓 「自分は気がついていないものの、他人からは見られている自己」 (blind self)
他人にわかっていない	③ 秘密の窓 「隠された自己」 (hidden self)	④ 未知の窓 「誰からもまだ知られていない自己」 (unknown self)

参考文献）武藤雪下『幸せをよぶ心理学』（北大路書房刊）
https://kevan.org/johari

他者とのコミュニケーションにおいて自分自身をどれだけ表現しているか、という視点で現在の自分の姿を理解することができます。

自分ではだめだと思っていても、逆に相手には輝いて見えていたりすることがあるとすれば、自分では気づいていない②の盲点がある、ということになりますよね。

自分のストロングポイント、ウイークポイントの理解が相手とも一致していれば、自分の強み、弱みを理解している①の開放となり、自分の価値をアピールする戦略が立てやすくなります。**自分のストロングポイントを思いつく限り、すべて書き出してみましょう**。また、親しい人に自分の強みを訊いてみるのも手です。また、専門書や、詳しいサイトで調べてみる方法もあります。

自分の価値を相手にどう伝えるかが重要

私の著書『アパ社長カレーの野望』の中でも少しお話ししていますが、私は28歳の時から勉強会を主催し、これまで17年間続けています。また、現在では、アパグループのサービスや商品開発プロデューサーとして、さまざまな交流会や多くのイベントを企画したり、講演依頼を受けたりする機会も増えました。

そんな中で、名刺交換だけで満足してしまう人、自ら壁を作ってしまう人を多く目にすることがあります。もちろん、私が主催者であれば、自己紹介や話が下手な人には**「他己紹介」（その人のストロングポイントを織り交ぜ、その場の参加者にご紹介**

してつないだりすること）でフォローします。他己紹介には「陰褒め効果」（人づてに褒めることによって、第三者には情報が公平に伝わりやすくなり、印象の良い理解を得られる）が期待できるため、効果がありますが、私がいつもあなたの出会いの場面でお傍にいるとは限りません。

名刺交換は、出会いの最終目標ではないはずです。いくら大切な人に会えたと思っても、名刺を大事に保存しているだけでは、相手にも覚えてもらえない。人柄の評価もされないまま何の進展もなく、チャンスも活かせないからです。

自分の心を開かなければ、相手の心は開けないものです。次の第2章以降で詳しくお話ししますが、**〈わらしべ長者〉的思考**を持っている人には共通の特徴があります。

それは、

◆**どんな人も色眼鏡で見ないでフラット（素直）な心で、決めつけずに話をする**

◆**信頼の貯金を積み重ねて、必要とされ続けている**

◆**好奇心旺盛で人懐っこい**

◆**オープンマインドで雑談力と状況判断力が優れている**

◆**相手の様子を洞察して、「この人は何を求めているのか？」のニーズをとらえるのが速い**

◆**一を聞いて十を知る人**

◆**スピーディーに考え、一瞬で相手の役に立つ情報が提供できる**

私はこれに加えて**一度でも会話の中で相手に笑ってもらう**ことを心がけています。

それについては、次の章の**「魔法のユーモアセンス」**でお伝えしたいと思います。

たまたま隣にいた人が運命の出会いかもしれません。パーティーに居合わせた全員と話せるわけではありませんから、**偶然は一瞬のめぐり合わせ**だと思っています。

その偶然を必然の出会いに変えるための準備をし、欲しい運命をたぐり寄せるための常識と教養を身につける力も、もちろん大事です。大きな運をつかめるかどうかは、自分の日々の努力や実力、**信用の積み重ねに比例する**と考えています。

「**一瞬の出会いで何をつかむか？**」、「**大切な人にどう見られているか？**」を意識して出会いのチャンスを失わないようにしたいものです。

あなたのストロングポイントは何ですか？

好きなこと、人から褒められたことなど、
思いつく限り書き出してみましょう。

第2章

〈わらしべ長者〉的アプローチ法で相手に見出してもらう

出会って3分で「次も会いたい人」になる

「自己紹介は3秒スピーチ　他己紹介はていねいに」

これは、交流会や勉強会で私がいつも心がけているポイントです。他己紹介とは、他人のストロングポイントや長所をわかりやすく紹介することで、参加者全員への理解が一気に広がるのです。これは、できるだけていねいな紹介を心がけています。

一方、自己紹介はビジネスシーンでも、イベントや会合でも、名刺交換の3秒が勝負のチャンスです。

営業職や人と会う機会が多い方なら、一生のうち名刺交換を行う回数は10万回くらいあると思うのですが、「その機会に何を話すか？」「3秒で何を伝えるのか？」がチャンスの明暗を分けてしまいます。

ありがちなのが「□□会社の○○です」だけ。それでは、ワンオブゼム、その他大勢の一人になってしまうため、相手には、何の印象も残りません。私なら、そこにさりげなく、キャッチをつけ加えます。自分のストロングポイント＝強みになるキーワードを盛り込むのです。例えば、「オロナミンCを１００万本プレゼントした元谷です」や、「アパ社長カレープロデューサーの元谷です」などです。自分なりに考えて、**自分の強みを印象づけて、相手に覚えてもらえる、**突っ込みどころを提供することが秘訣です。あるイベントで司会をしていた徳光和夫さんは「皆さんこんにちは。一重瞼、二重顎、三段腹の徳光和夫でございます」という斬新な自己紹介で笑いをとっていました。

また、その会場には男性が多いのか、女性が多いのか、経営者が多いのか、学生が多いのか、状況を判別して、盛り込む内容をスイッチする「場面に応じた応用力」も考えてみるとよいでしょう。

普段から、自分のプロフィールにストロングポイントをできるだけ盛り込めるように考えておきます。その中からその場に合わせたキーワードを引き出せるようにすれば、場が変わっても応用できる力が付くようになります。自分の強みを30項目くらい書き出してみて、それをキャッチに盛り込めるようにしてみましょう。

もし「何もないし思い浮かばない」というなら、作ってしまえばいいんです。ストロングポイントは複数あったほうがいいですが、一つからでもいいので意識して作ってみてください。例えば「ラーメンが大好きで200軒回った」「温泉が好きで、効能に詳しい」でも「ソフトクリーム評論家」でもいい。バラエティ番組『マツコの知らない世界』（ＴＢＳ系）に出てくる人みたいなネタから考えてもいいし、それはもう言ったもん勝ちです。インパクトのあるストロングポイントで、それがあなたの印象とギャップがあるものであれば、なお良しです。その**ギャップの幅こそが魅力**なのです。

まさに**能ある鷹は爪を出せ**なのです。

突き抜けた馬鹿さ加減は面白いものです。**この人、面白そうだな、また会いたいな、と思ってもらえたら、新しいご縁をいただける**のですから。誰だって好きな分野や、得意な分野はあると思うので、その中から考えてみるのも面白いでしょう。

自分が大好きなものを周囲のキーパーソンに伝わるように常にアピールしておくことも大切です。あなたの周りにいる身近な方があなたの大好きなものを近づけてくれたり、紹介してくれたりするからです。

私は、Mr.Childrenとプロ野球が大好きですということをよく口にしていますが、それがきっかけで奇跡的な流れが生まれたことも数多くあります。

また、私は、人と人をつなげることが大好きですから、つなぎのセーフティバントでノーアウト二塁三塁にしてチャンスを拡大し、自分は、一塁ベースを駆け抜けてそのまま消え去ればいいと考えています。

雑談であなたの援軍を増やしていく

第1章でもお話ししましたが、初対面でその人の背景や必要としている情報は何かを一瞬でつかむには、高度な洞察力や会話術が必要になります。ただ、初対面の人とのコミュニケーションには、あまり自信がないという方も多いでしょう。そんな時、心がけていただきたいのは、「**自分で壁を作らない**」ことです。

かく言う私自身も、先日ランチで何を食べようか迷っていた時のことでした。「失敗したくないから、いつも行かないレストランはあまり行きたくない」というような気持ちがあって、いつも元気に呼び込みをしている店員さんの前を素通りしようとしたのですが、人懐っこいその店員さんに呼び止められ、つられて初めて店に入ってみたら、料理がとても美味しかったのです。気軽に声をかけてきてくれた店員さんのおかげで、普段はできない体験ができたのですから、自分の思い込みでコミュニケーションに壁を作ってしまっていたら、新しい発見や体験をするチャンスも逃してしまうことになりかねません。

初対面の人が多く集まる会合では、一番近くにいる人に自分から挨拶する。そして、何でもいいから雑談をしてみるといいでしょう。自分の話でなくても、相手がどこから来たのか、その土地の話でもいい。そこに行ったことがあれば、そこの土地の「美味しいお店を教えて欲しい」でもいいのです。パーティー会場の料理についてでも、キーパーソンについての情報交換でもいいから、話題を見つけて話しかけてみましょう。相手が知らない人だからこそ、無知な自分でいいのです。気張らず、素直に話ができるということを純粋に楽しんでみることです。

どんな話題でも相手に興味を持ってもらえたなら、雑談が盛り上がり、話がはずめば相手は心を開いてくれます。そして、いろいろな情報を与えてくれます。実際、立ち話や雑談の中で「そういえば……」という話が生まれやすいのです。人は、力の抜けたところで本音が出ることが多いものです。**雑談から大きなビジネスチャンスのアイディアをもらったり、重要な人物を紹介してもらったり、という流れが起きたりするの**も事実です。また、あなたが提供する話題で相手から「じつはこういう人を探していて」とか「こんなことをビジネスで考えている」という**困りごとやニーズが引き出せ**て、さらに**あなたがそのニーズに応えられる情報やルートを持っていればチャンス**です。

相手はあなたに価値を見出し、「次も会いたい人」になり、あなたにとっては、相手がより重要な価値ある情報を持ってきてくれる人になるはずです。

普段から、相手に興味を持ってもらえるような雑談のネタを用意できるように、情報のアンテナを張りめぐらせておきたいものです。雑談相手の共感が得られれば、あなたに有益な情報をもたらす援軍がどんどん増えることになるのですから。

魔法のユーモアセンス

スポーツでも仕事でもプライベートでも同じ。私はどんな時でも**相手に1回でも笑ってもらえるプレゼンができなければ一流ではない**、と考えています。**笑うと人間はYESの方に導かれやすい**ものです。笑ってしまうと、まあいいかなと思うのが人情。笑えないと拒絶の方向に気持ちが行きやすいのです。

また、いつも笑顔で笑い声が絶えない環境（職場）は、土壌に養分を与え、美味しい食物が育つ環境になると思っています。

私自身、女性や子供を笑顔にすること、楽しそうに過ごしてもらうことが福を呼び込む秘訣だと思っています。

だからこそ、私の場合は一度でもいいから「とにかく相手を笑わせてみる」ことにしています。気が利いたことが言えないなら、自らスベりに行く。出会って3分の雑談で、**「次も会いたい人」になるためには、相手にメリットがある情報を与えるか、笑ってもらうか**。それなら1回でいいから笑ってもらう方が早いと思います。意味不明なギャグでもいい。何でもいいから**「覚えてもらう」きっかけ作りをする**。ここが、大切なポイントだと思っています。

そういう意味では、ホテル社長は、ものすごくユーモアセンスがある人。突っ込みどころ満載な人なんです。

お昼ごはんが美味しくなかったら、もう1軒はしごしてきますし、若い社員をお寿司屋さんに連れて行く時は、先に隣のうどん屋さんに連れて行って、うどんを3玉食べさせる。「そのあとで寿司屋に行かないと、バカバカ食べられて高くつくから(笑)」

と。自ら作戦をバラしてしまうところもまたご愛敬で面白いんです。

ユーモアセンスは、学んで得るものではなく、自然に身についていることが多いですが、ある意味、周りを笑顔にしたいというサービス精神の一つだと思っています。

〈わらしべ長者〉的思考とは

例えば、「惜しみなく自分の人脈から人を紹介してくれる人」、「自分の持っている有益な情報や経験を後輩や友人に伝えていく人」、「感謝の気持ちのこもったプレゼントをしてくれる人」と、「困っている相手に誰も紹介しない人」、「出し惜しみして、有益な情報も伝えない人」、「何も人の役に立っていない自己中心的なセコイ人」。

どちらの人が成功すると思いますか？

もちろん、前者の「惜しみなく与える人」が正解です。

〈わらしべ長者〉の若者も、「相手のためになるのなら」という気持ちで相手の望むものを差し出し、惜しみなく与えた結果、自分のブランド価値を高め、最終的には長者と呼ばれるまでの成功を手に入れたのです。

人に心を開き、人に必要とされる情報や知恵、モノを持っていて、それを惜しみなく与えられる人。私が知っている真の成功者たちは、皆そういう大きい器を持っています。

そして、**惜しみなく人に与えても枯渇することのないほどの情報、知恵、モノなど、より価値のあるものを常に仕入れ続けている**のです。

自分の心を閉ざし、人に奪われないようにと自分の知識や情報、手に入れたものなどに執着していたら、人から必要とされないし、成功もチャンスも手に入らない。人から見て魅力的な価値を見出してもらい、必要とされなければチャンスも重要人物も寄ってはこないでしょう。

また、情報、知恵、モノなど自分の仕入れ方が下手であれば、当然他人から見て魅力的な価値の交換ができないため、すべては自分のインプット次第であるとも言えます。だからこそ、常に必要な情報をストックしたり、考え方をバージョンアップしたり、スキルアップしたりして進化していく努力も必要です。

例えばスポーツでも仕事でも、惜しみなく与え、どう人に伝えていくかということが重要になります。

野球で言えば、先頭バッター的な役割の人が、チームの打線に火をつけるために積極的に打ちに行く場合があります。ただ、そこで無理に打ちに行かず、選球眼を駆使して相手のピッチャーにたくさんボールを投げさせ、どのような球種があるのか、どの球が狙い球なのか、どの球が打ちにくいのか、という情報を先頭バッターが引き出して、最後にフォアボールで塁に出るという作戦もあります。

先頭バッターが最悪アウトになっても、有益な情報を2番バッター以降に伝えていけば、チームにとって重要な役割を果たしたことになります。

このように、自分の成績だけを考えるのではなく、たとえ自分が犠牲になってもチームに情報を伝え、次の成功を生みやすくする土壌を作るという**他利益優先の考え方が基本にあり、状況に対する洞察力、そして相手の情報を引き出す力**が〈わらしべ長者〉的思考の中で一番大事な要素だと思うのです。

成果につながる魔法のポジショニング

昔話の〈わらしべ長者〉で若者は、観音様からお告げを受け、歩き出したところで転んでしまいます。そこで危機的状況を避けるために偶然わらをつかみました。それは「つかもうとして、つかんだのではなかった」のです。転んだ拍子につかんだものは、人によっては子犬だったかもしれないし、花だったかもしれないし、誰かが落とした財布だったかもしれません。

あなたの〈わらしべ長者〉の物語は、必ず「わら」から始まるとは限りません。人によっては最初につかむものが、美しい布や、馬から始まる場合もあるでしょう。このように**最初の偶然は、自分のポジショニングによっても変わってきます**。

わかりやすく、サッカーのポジショニングで考えてみましょう。いいポジションにいれば、ゴールの直前でこぼれ球を入れてゴールを決めることができます。片や、いるべきではない場所にいたら、オフサイドトラップにかけられて不利益を被ってしまいます。

テニスでも卓球でもバスケットボールでも、そういう駆け引きがあると思うのですが、仕事も同様です。

どんな業種でも市場規模があって、その中でライバルとのせめぎ合いがあります。そこで秀でるためのブランディング（**他を圧倒する価値の確立**）というものがあって、その生命線としての魅力を発信し続けていかないと勝ち残ってはいけません。

そんな中で、**ポジショニングのいい人は、実力以上に評価される**ケースが多いものです。どんな会社にいても、自分のポジションがわかっている人は距離の取り方がうまいのです。近すぎると圧迫感を覚えるし、離れていると伝わらない。ピタッとマークしていながら、絶妙なバランスで距離感を保つことに長けています。

近くにいて欲しいと思わせ、それでいて遠すぎず、近すぎない。お互いが動いている中で、**どうポジショニングをしていくかは、他人とコミュニケーションを取るうえで大事な要素**でもあります。

上手にポジショニングをしないと、傷つけ合ったり、自分が振り回されて萎えてしまったりすることにもなりかねません。

個人の器の大きさや、与えられた役職、役割によっても求められているポジショニングは変化します。それぞれのポジションにマッチした役割が果たせていれば、自分の居心地は良くなっていくはずです。

「自分はこう思うから、こうしたい」ということと、他人が「こうして欲しいと思っている」ということが一致していれば、ポジショニングがマッチしていると言えるでしょう。

しかしながら、お互いのニーズにずれが生じると「自分はこうした方がいいと思って頑張ってきたのに」という不満につながるのです。また、社長や上司が「これをやって欲しい」と思っていることと違うことをやっていれば、「あの人の本音がわからない」という不満につながり、評価も上がらないということになってしまいます。

時にポジショニングを間違えてしまうことは誰にでもあると思うのですが、それぞれのポジションをお互い理解しながら活かすことも、気持ちの良いコミュニケーションを円滑に進めるために必要な能力だと思っています。

また、自分が力を発揮できるポジションはどこかを見極められている人は、じつは少ないものです。**「自分が評価されるポジションはどこか?」を見極めていくことが戦略**であり、大きな運をつかむ近道になるはずです。

第3章

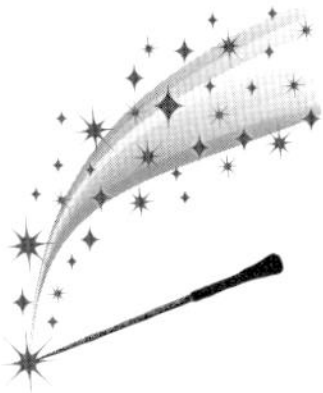

情報は発信する人に集まってくる

自分発信で可能になる巨大な人脈作り

「はじめに」の中で少し触れましたが、〈わらしべ長者〉の昔話での重要なポイントは、自分の持っているモノの価値をオープンに見せながら歩いて行ったことです。これを目にした人が次々に交渉を申し出ているということは、ある意味、道行く人に**「自分が持っているモノの価値」を情報として発信していた**とも考えられるでしょう。

実際のビジネスでも情報は、発信力のある業界のNO．1に集まってくるものです。なぜなら、受信したい人たちが情報を持って集まってくるからです。例えば、「めちゃめちゃ美味しいお寿司屋さんがあるんだけれど今度行かない？」とグルメ情報ツウで有名な友人に誘われたら行ってみたいと思うでしょう。情報は発信力のある人に集まってくるものなのです。ＣＭやニュースで見たから知った、ＳＮＳで見たから知った、という理由で、人が集まってくる店と同じです。人が集まってくると、そこに新たなニーズやアイディアなどの情報が集まってきます。受信するだけの人に、人や本物の情報は集まってこないもので、どんどん情報を発信する人には、さらに良い情報が提供されるという不思議な現象が起こります。

アパグループ代表 元谷外志雄（以下代表）の格言に**「情報は発信する人に集まってくる」**というものがあります。この本のサブタイトルにもなっているのですが、**これこそが人生に奇跡を起こす〈わらしべ長者〉の魔法**なのです。

第3章では、この具体的な方法をご紹介していきたいと思います。

第1章でも触れましたが、私は28歳の時、若手異業種交流会の「流磨会」を立ち上げて、38歳までの10年間、1年に5回の勉強会を計50回行いました。「若い人たちにもチャンスを与えて欲しい」と各界の著名人にお声がけし、ゲスト講師をお願いしました。私が発起人代表を務め、講師や会場を探すイベント計画立案、交渉を担当し、ほかに司会・連絡係の奈良部くん、会計・総務係の波多くんと、大学時代の友人3名でスタートしたのが始まりです。

それまでは、自分でも勉強のために多くの勉強会やセミナーに参加していました。行ってみてわかったことは、勉強会には良い会とそうでない会があるということです。

セミナーや勉強会の中には、営業目的や、ねずみ講まがいのもの、主催者側のメリットだけを考えて企画されていて、出席者側のメリットは薄い、そういう営利目的の会も多かったからです。

そうして、多くの反省や経験を通して、「自分が主催してみよう」という思いに至ったのです。

最初は人数集めにばかり気を取られてしまい、参加者は、毎回少なくても30人、多くて50～60人ほどを集めるようにしていました。

けれど、ある時気づいたのです。「**せっかく参加しているのに、周りの人とコミュニケーションが取れずに、ポツンと取り残されている人がいるなぁ**」と。そして、会には必ず満足していない人がいるはずだと。

それからは、**学べて、出会いもあって、人脈・友達作りができる会**にするために、自分は**人と人をつないで紹介しまくるコネクターの役割**に徹しようと思ったのです。

ポツンと取り残されている人を見つけては、積極的に周囲の人に紹介しまくる。そうしているうちに、参加者同士が仲良くなり始めて、勝手に交流が進んでいったのです。すると、参加者の満足度やリピート率が劇的に上がり、会が安定していきました。

その結果、人脈作りやビジネスに役立つ知識が得られたことはもちろん、ビジネスチャンスや起業家がどんどん生まれていったのです。

出会いの縁結び「コネクター」を探せ！

私も最初は、たくさんの勉強会や異業種交流会に参加をして勉強と研究を重ねましたので、いきなり会の主催と言っても、ハードルが高いと思われる方も多いでしょう。

まずは、興味のある会に出席することから始めてみてはいかがでしょう。その際、重要なのは、情報が集まってくるキーマン＝コネクターを探すことです。

コネクターとは、その場の状況を判断し、攻めたり守ったりすることができる、すべてに通じてオールマイティな人のことを指します。だからこそ、**すべての人に人を**

紹介することが可能なのです。

本来は、参加した会の主催者がコネクターであることが理想なのですが、それができない主催者の勉強会などの場合は、おおむね出席者へのケアが不十分で、満足な会にはなっていないのが実情です。

パーティーでも会合でも、会場をよく見まわすと、目立つ人がいるはずです。人垣ができていたり、人を紹介して回っていたり、いろんな人に声をかけられたりしている人は、**いわゆるハブ空港役を担っている人**です。知人や友人が多く、ひときわ明るい人気者で人の目を引きます。

そういう人をまず味方につけるのです。そうすることで、**あなたの人脈は劇的に広がります**。

主催者メリットが人脈作りの最大レバレッジ

勉強会や異業種交流会を**主催するメリット**とは何だと思われますか？

自分の発信能力が鍛えられることもあるでしょうけれど、一番は**多くの人からの信頼を得られることです。そして、情報は発信する人に集まってくる**のです。

会に参加した人の人脈が増えた、ビジネスのヒントが得られたなどメリットを感じてもらえれば満足度が高い会だと認識してもらえて、主催者に感謝するものです。すると、会の参加者たちが、自分の知らないところで自分の評価を押し上げていってくれます。まさに**自分のブランド価値を他人が高めていってくれるという恩恵を受ける**のです。

これまで、勉強会や異業種交流会に行ったことはあるけれど、「呼ばれたら行くだけ。面倒だし主催なんて無理」と思う人は、一度だけでも試しに主催者チャレンジをして欲しいものです。私、元谷拓でよければ、勉強会や囲む会のゲストで呼んでください。

主催者メリットを鷲づかみできることを知れば、「どうして今までやらなかったのだろう」と後悔するほど、自分の価値を高めるために必要なことだったと感じられるはずです。

最初は、どんなに小さい勉強会でもいいから、自分発信でやってみることで、主催者メリットを受けることができます。あなたの会いたい人をキーパーソンにして、テーマは、その方を囲む会でもいいし、経営者から学ぶ会でもいいと思います。**まずは0から1を作ってみることが大事。人からの信用が格段に上がるし、必要な情報がどんどん集まってきます**。

また、トライアルの中では、スクラップ&ビルドもOK。会がうまくいかなかったら、その会はなくしてもいいけれど、できることなら改善点をバージョンアップしながら頑張って10年ぐらい続けてみる。そうすると、**10年後には巨大な人脈という大きな財産が作られている**と思います。

また、もしあなたがシャイな人見知りで、第一印象に自信がなければ、**仲良くなりたい相手と会う頻度を増やすしくみを作る**ことです。第一印象が悪い人ほど、**会う頻度を多くすることで、相手にとっての「良い人度」が劇的に上がる**のです。

アメリカの心理学者ロバート・ザイアンスの代表的な論文「単純接触が態度に与える効果」では、モノや人を繰り返し目にするだけで、そのモノや人への態度が好意的になるといいます。ザイアンスの法則を用いれば、たった一度の5時間のおしゃべりより、30分でいいから10回会うことで接触頻度が上がり仲良くなれる。ということであれば、何度も会えるしくみを作ってそれを習慣にすればいいのです。**印象のギャップをうまく魅力に変えていくことで、人生が変わる**かもしれません。

苦手意識の高い人ほど、やってみる価値があると思います。**自分で気づいていない魅力や能力、ストロングポイントを仲間が教えてくれる**のです。あなたの選択で、望む人生を自由に決めることができるということを忘れないでください。

【一部引用】京都大学 こころの未来研究センター　http://kokoro.kyoto-u.ac.jp/jp/kokorogaku/2009/03/post_7.html

人を巻き込むことで、上昇気流の風に乗る

勉強会を主催する際、集める人の質を高めようとして、キーパーソンだけを集めようとしがちですが、質と同様に集める量（人数）も大事なのです。

まず、同じ業種を被らせないようにする配慮は必要です。私は被らない業界でのマッチングを心がけています。そして、会のマナーやルールを厳重にするよりは、はみ出す人がいるくらい自由な会にしていいと思います。多くの個性が発揮できる会のほうが、**人と人、ビジネスとビジネスの化学反応が起きる可能性が高い**からです。**風を起こすと流れができ、上昇気流の中でチャンスも増える**ことになるのです。

私が主催する会でも、これまで盛り上がった話が人脈をたどり、奇跡のコラボが生まれたことが数多くあります。

また、勉強会は自分が知らない他社の良い習慣などを学ぶ機会にもなります。以前マヨネーズでおなじみのキユーピー株式会社のお話を伺う機会がありました。キユーピーでは年に2回社員の親に自社製品の詰め合わせを送ってくださるのだそうです。人を大切にする温かい会社だということがわかりますよね。このように、**他社の優れたところを学ぶことができれば、将来自分が起業する時の参考にもなる**のです。

活躍している人に直談判して勉強会にキーパーソンを呼ぶ。そして会いたい人を集める。

名刺交換だけが最終目的ではないはずですから、会に参加したら、遠慮したり逃げたり自分に言い訳をしたりしない、自ら壁を作らない。

気の利いた人は、キーパーソンの下調べをしていて、お会いする前に相手の好きなことなどを把握しており、2、3分程度の雑談の中で、興味を引く会話をして、さっと懐に飛び込むすべを知っています。「好きな食べ物は、何ですか?」という話から、相手が「お肉」と言ったなら、私ならすかさず「アパホテル&リゾート〈両国駅タワー〉の鉄板焼『THE 七海』と、アパホテル&リゾート〈東京ベイ幕張〉の『鉄板焼七海』の銘柄牛のフィレステーキがやわらかくて、紀州南高梅の焼き梅干しとガーリックライスもめちゃめちゃ美味しいんですよ!」と答えることで、「今度、一緒に鉄板焼の食事会を企画しましょう」と話が発展する可能性もあるのです。

臆することなく、チャレンジしてみることが**大きなチャンスをつかめるか否かの明暗**を分けます。**確かな人間関係が作れれば、あなたがピンチの時にも相手は必ず力を貸してくれるはず**です。

最速・最短で価値のある情報にたどり着く

ピンチの時、どうにも突破できないと思われる壁が立ちはだかった時、あなたならどうしますか？　**最速・最短で必要な情報にたどり着くには、ネットワークを使うこと**です。１人では力不足でも、知恵や解決方法、必要な人脈ルートを教えてもらえる場合があります。直接解決につながるキーパーソンを紹介してくれたりするケースだってあります。**頼れるのは情報と人**です。

だからこそ、普段から人との関係作りが重要なのです。

利己的な目的で、戦略的にお近づきになりたい、困った時だけ頼れる人とつながりたい、という考えでは、**相手が大物であればあるほど心を見透かされてしまい、有益な関係性は築けない**でしょう。たとえ仕事上利益がなくても、その頼れる人が魅力的であるからこそ、その人のために動くという気持ちが起きるというものです。

人の心を動かすということは、それ以前に信頼を得て、相手と心を通わせておくことができていないと不可能なことなのです。

私はかねてから、**ネットワーク、ヘッドワーク、チームワーク、ハートワーク、フットワーク**が大事だと思っています。なかでも、ハートワークは「大好き」という思いが大切。相手を大好きだと思えて、相手もその気持ちに応えてくれるような信頼関係が築ければ、心強い味方になってくれるはずです。

人と人、モノとモノをつなぐと奇跡の化学反応が起きる

私はこれまで、アパホテルと多くの企業をつなぐ異業種コラボレーションを行ってきました。その数は、400事例にもなります。

言ってみれば、**企業コラボも一種の物々交換**に似ています。**自分の持っているもの（ブランド価値やプラットフォーム）を、相手の持っているものと交換（または融合）して、新しい戦略として、ブランド価値を高め合う**のですから。

アパホテルに宿泊されたことがある方でしたら、実際目にされたり、経験されたりしたことがあるかもしれませんが、例えば私がネーミングライツで携わった、アパホ

テル&リゾート〈東京ベイ幕張〉の「ポカリスエットプール」は大塚製薬株式会社とのコラボですし、キリンビバレッジ株式会社とコラボした屋外プールが、アパホテル&リゾート〈横浜ベイタワー〉の「キリンレモンプール」、アパホテル&リゾート〈西新宿五丁目駅タワー〉「タリーズコーヒープール」は株式会社伊藤園とのコラボ、アパホテル&リゾート〈両国駅タワー〉の夜景が一望できるプールはネスレ日本株式会社とコラボした「ネスカフェプール」というように、すべて企業コラボで実現したものです。

ほかにも、宿泊のチェックイン時に「いろいろなものがもらえた」経験をされたことがあるかもしれませんね。実際アパホテルはこれまで、さまざまな企業のサンプリングを行ってきました。配布した商品サンプルの総額は数十億円にもなります。

ざっとご紹介してみても、サントリー×セブン‐イレブン×アパホテルとの３社コラボで、ビールの「金麦」や「プレミアムモルツ」の無料引換券を10万枚配布したり、おやつカンパニーの「ベビースターラーメン」を100万食プレゼントしたり、伊藤園（タリーズコーヒー）のアイスコーヒーを100万本プレゼントしたりしています。

また、私の3秒自己紹介でキャッチフレーズに使わせていただいている、大塚製薬の「オロナミンC」は100万本を超える配布実績があります。

こうしたサンプリングには次のような3種類の目的があります。

①新商品PR

②ロングセラー商品の定期的な認知促進

③余剰品対応

①新商品のPRの場合は、わかりやすいと思います。皆さんも、駅前などで大々的

な新商品キャンペーンイベントを行い、サンプルを配布しているのを目にしたことがあると思います。

②ロングセラー商品の定期的な認知促進は、まさに「オロナミンＣ」のように長い間多くの人に愛され、発売されている商品を指します。

そして③の余剰品対応ですが、余剰在庫に悩むメーカーはたくさん存在します。

特にビールなどの飲料は、冷夏や猛暑、暖冬や自然災害などの影響も受けるため、生産量の予測が難しく、余剰在庫を抱えていても、倉庫を次の商品のために空けなくてはならないのです。そして在庫は廃棄の問題などがあり、ブランド価値を守る観点からも、メーカーにとっては頭の痛い課題でした。

私がアパグループに入社したころは、メーカーからのサンプリング依頼の相談があってもすべてお断りしていたのですが、それを知った私は「これはメーカーとお客様にも感謝され、環境にも配慮された、アパホテルのサービスや差別化になるのではないか？」と考え、サンプリング導入を決めたのです。

サンプリングの場所によっては、営業行為と認識されますが、ホテルがサービスとして提供することで、**営業と離れた場所でのサンプリング＝陰褒め効果**になります。そして、お客様には「アパホテルに泊まると何かもらえる」という口コミが広がって、お客様と商品をつなぐ親和性もあるためＰＲ効果も広がりますし、もらったお客様だってワクワク感がありますよね。そうやって、お互いのブランド力の相乗効果を高めるコラボは、商品とお客様のＷＩＮ‐ＷＩＮにとどまらず、アパホテルとメーカー、お客様や環境と四方良しのアイディアとなったのです。

アパホテルは、**日本一の客室数を誇る最大のプラットフォーム**でもあります。サンプリングで広い顧客層にリーチができるし、メーカーも新商品テストやマーケティング調査としてアンケートも取れ、余剰在庫も捌けるという大きなメリットが生まれます。こうして多くの企業コラボを行っていくことで、たくさんのご縁がつながっていきました。

こうして現在もアパホテルは、さまざまな会社の困りごとを解決しています。お互いのブランド価値を高めて収益もアップさせることができ、さらに悩みも解決できれば、すべてが幸せになる。まさに奇跡のコラボであり、〈わらしべ長者〉の魔法だと思うのです。

あなたが主催してみたい勉強会や異業種交流会を具体的にイメージし、プランニングしてみましょう。

●テーマ

●ゲスト

●ゲストにおつなぎしたいキーパーソン

●開催予定日

●主催メンバー

●参加者特典・抽選会の賞品

●参加者・予定人数

など

第4章

実在する〈わらしべ長者〉たちから学ぶ成功のケーススタディ

実在する「わらしべ長者物語」にたくさん詰まった魔法のヒント

アパホテルの客室に置いてあるアパグループが発行する月刊誌『Apple Town』をご存じですか？　アパホテルに泊まったことがあるなら、一度は手に取ったことがある、という方もいるかもしれません。

『Apple Town』は、世界の情報を暮らしに活かす情報発信マガジンとして、１９９０年に創刊された月刊誌で今年創刊31年目を迎えます。

始まりは当時アメリカを訪ねた代表が、ＢＩＧ　ＡＰＰＬＥの愛称で知られ、活気にあふれた街ニューヨークを見て、こんな近代的な都市開発、街づくりをしたいという思いからタイトルにしたのが由来です。

その『Apple Town』では、代表と世界各国の著名人との対談に始まり、社会時評エッセイや、各地の豊かな歴史文化にスポットを当てる特集、地域紀行、経済情報などさまざまな情報を紹介しているのですが、じつは私もこの雑誌のチーフディレクターとして、企画立案や監修に携わっているのです。

例えば「スーパー企業最前線」や「達人」という連載では、これからご紹介する実在の〈わらしべ長者〉たちの、新しいビジネスモデルや情報発信力、類まれなアイディア力など、魅力的な〈わらしべ長者〉的思考をご紹介していますし、「ベストライフ」という連載では、芸能人、著名人のインタビューを行っています。

さまざまなご縁をいただいた方々は、まさに〈わらしべ長者〉的思考でビジネスを成功に導き、またご自身も〈わらしべ長者〉のように人が寄ってくるような、魅力的な人ばかりです。

これから**自分自身の「わらしべ長者物語」を始めてみよう**と考えている方に、実在する〈わらしべ長者〉がどうやってチャンスをつかんでいったのか、どんなアイディアで行動を起こしたのかを具体的にイメージしていただきやすいようにケーススタディとしてご紹介します。

人との接し方や思い、最初につかんだチャンスをどう活かしたのか？　ぜひヒントを見つけてみてください。

◆ケーススタディ１

「人が運んでくるビッグビジネスのチャンス」

経営コンサルタント　菅生　新さん

菅生さんは、あの国民的俳優、菅田将暉さんのお父さんです。菅生さんが現在顧問をされている、アジア経営者連合会の参加企業同士として、当時は知り合いました。

菅生さんは、経営コンサルタントの仕事以外にも、ご自身のラジオ番組も持っていらっしゃるほど幅広く活躍されている方。いつも元気でパワフルで、とても人懐っこい。まさに〈Ｍｒ．わらしべ長者〉と呼ぶにふさわしい人です。

人と人をつなげることが大好きで、男女ともに年齢問わず、惜しみなくどんどん人を紹介してくれます。そして、**相手のニーズを瞬時につかむ頭の回転の速さと関西人特有の面白さも抜群**です。

以前、菅生さんの還暦パーティーに呼んでいただいた時、何とNHK紅白歌合戦出演直前の菅田将暉さんが『まちがいさがし』を歌ってくれたのです。広瀬香美さんもゲストでいらしていて『ロマンスの神様』を披露。まさにサプライズなパーティーは大盛り上がりで、参加者の皆さんと素晴らしいひと時を楽しむことができました。

菅田将暉さんのお父さん、お母さんは明るくて人懐っこいので、彼もおそらく元気な家庭で育ち、いい教育やDNAが受け継がれているのだと思います。〈わらしべ長者〉のDNAはそうして受け継がれて、中島みゆきさんの『糸』の歌詞のように縦にも横にも広がり、幸せや魅力が伝染していくものだと思うのです。

菅生さんには、たくさんの人を紹介していただきました。なかでも、大きなご縁をいただいたのは、株式会社ティーケーピーの代表取締役社長、河野貴輝さんとの出会いでした。株式会社ティーケーピーは貸会議室最大手の会社です。

ある日、菅生さんから「元谷君、河野さんを知っている？　河野さんは、これからの日本で伸びゆく会社の創業者で、貸会議室、宴会場などを広く手掛けている人なんだけれど、アパホテルさんの宴会場とかデッドスペースを貸会議室にしたらどう？」と提案してくださったのです。このご紹介が、のちに大きなビジネスのチャンスにつながっていきます。

河野さんは私より3歳年上の魅力あふれる方でしたが、相性が良かったのか、お会いしたとたん、ガッチリ仲良くなったのでした。本当にこれも良いご縁をつないでいただいたおかげだと思っています。

◆ケーススタディ２

「誰も必要としない場所こそが必要な場所だった」

株式会社ティーケーピー 代表取締役社長　河野貴輝さん

ティーケーピーの河野さんは大分県出身の九州男児。河野さんも明るくて賢くて人懐っこくって、責任感が強い人です。慶應義塾大学のご出身で、イーバンク銀行（現・楽天銀行）の立ち上げに携わった聡明な経営者。先ほどの菅生さんのご紹介でご縁をつなげていただいた方です。

ティーケーピーの創業者である河野さんは、目の付け所が違いました。通常、取り壊しが決まっているビルは、解体前の6カ月から1年くらいは空き状態のまま、新規テナントを募集できないでいるのです。そのため、そういう空き状態のビルを狙って交渉し、取り壊しまでの残り期間を0円で貸してもらい、空きスペースを借りて会議室にリニューアルして、売り上げの50%を手数料としてオーナーに支払うというWIN・WINのビジネスモデルを考えたのです。

中には立ち退かないで居座るテナントが残るケースもあり、解体が難航しているようなビルもあります。そんな時は、借りられる期間が延びるので、逆に長く商売ができるわけです。

そうやって戦略的思考で行動し、知恵を絞って一代でものすごい資産を築いた、まさに〈わらしべ長者〉と言えるでしょう。

河野さんと1回打ち合わせをすると、出てくるアイディアは軽く100くらい。**アイディアが次から次へとマシンガンのように出てくる**のです。頭の回転が驚くほど速いのに、人柄は可愛くて、そのギャップがすごい。ゆえに、女性にも男性にも大変モテる人なのです。頼れる人だからこそ女性経営者からも好かれるし、困っている人を放っておけないという、人情味のある人です。

じつは、アパホテルが幕張プリンスホテルを買収した後、50階建てのその建物の地下1階は社員食堂と従業員用の更衣室とロッカーだけ。そこは1円も生まないバックスペースでしかありませんでした。そこで地下1階のスペースを空け、更衣室などを地下2階に集約することで使用用途を見直しました。

また、買収当時、あまり利用者がいなかった社員食堂をやめることで、丸ごと空いたスペースをリニューアルしてティーケーピーさんの貸会議室に入ってもらうことにしたのです。

その結果、**１円もかけずに社員食堂後のデッドスペースが、大きな収益を上げるようになった**のです。もちろん、ティーケーピーさんにとっても新たな売り上げとなり、お客様のニーズも満たす、まさにＷＩＮ‐ＷＩＮ‐ＷＩＮの結果を導いてくれました。そしてこれが、全国アパホテルのバンケット、宴会場などデッドスペースの見直しを一斉に図るきっかけにもなったのです。その後、どんどん収益化を実現していったのは言うまでもありません。また現在は、ティーケーピーさんもフランチャイズオーナーとして、アパホテルを10棟経営されるようになりました。大きなビジネスを紹介していただいた菅生さんに感謝するとともに、人と人をつなぐことで、不思議なご縁や大きなビジネスチャンスが生まれるという奇跡を感じています。

◆ケーススタディ3

「人を心から魅了する準備力と思いやり」

俳優・お笑い芸人・画家・書家・ヨガ実践家・プロボクサー　片岡鶴太郎さん

片岡鶴太郎さんとの出会いも、人につないでいただいたご縁でした。それは、当時大手ファストフードチェーンの役席者であったN部長のご紹介でした。ある時、プロボクサーの井岡一翔選手の試合観戦に誘われ行ってみたら、最前列の血と汗が飛んでくるような席だったのですが、驚いたのは隣に何と、片岡鶴太郎さんがいらっしゃったのです。N部長に鶴太郎さんをご紹介いただき、そのまま鶴太郎さんに試合の生解説を受けながら、ぜいたくな観戦を体験しました。

鶴太郎さんは、もともと芸人としても、タレントとしてもマルチに活躍されて、そこからプロボクサーのライセンスを取得され、さらに一流の画家に転身し、俳優としてもＣＭやドラマ、映画で活躍されているだけでなく、書家として、デザイナーとしても活躍され、今はインド政府からヨガマスター、インストラクターの称号を授与されるなど、そのストイックで一流で、超人的な生きざまは、誰も真似できないのではないかと思うほどです。

その一方、日本テレビで放送していたダウンタウンさんの年末特番を観ていたら、鶴太郎さんが「おでん」を顔につけられて「熱い！　熱いっ！」なんて、体を張ったお笑いも見せてくれているではありませんか。思わず大笑いさせられて「何て守備範囲が広い人なんだろう」と驚かされるばかりです。

時々、お会いして、ランチ会などでご一緒する時にも、誰よりも早く到着されています。素顔の鶴太郎さんは、めちゃくちゃかっこよくて可愛い、すごく常識的な方なのです。

ある日、お好み焼きで有名な「千房」の中井貫二社長を囲むランチ会を私が主催した時のこと。「華千房 恵比寿ガーデンプレイス店」に行くと、集合時間の何十分も前なのに、すでに鶴太郎さんがいらっしゃったのです。

準備力があって、視野が広く多才な鶴太郎さん。この時も、ご自身のカレンダーに直筆のサインを入れてプレゼントしてくださいました。それだけでなく、驚いたのは、後日ランチ会に参加した方々から「鶴太郎さんから絵が送られてきました！」と、皆さんびっくりして連絡してきたのです。

それもそのはず、鶴太郎さんの絵といえば、美術館に飾られるほどの価値があるのですから。

鶴太郎さんは名刺を持たないので、その代わりに絵をお描きになって、名刺の代わりに「またお会いしたい」と思う方に送っていらっしゃるのでしょう。

鶴太郎さんご自身の努力は計り知れないと思います。何十年も活躍し続け、そのうえ、さらに**自ら新しい世界に飛び込み、どんどん進化して活躍の場を広げ、第一線で走り続けている**のですから。

それでいて、人にやさしく、とても人懐っこい鶴太郎さん。ある日、「元谷くん、僕の動画を撮りなさい」と言われて、理由もわからず動画で鶴太郎さんを撮り始めたら、私のことを絶賛する内容の話をしてくれたのです。そして「それを奥さんに見せなさい」と。その心遣いに魅了され、私はもちろん、誰でも一瞬にして鶴太郎さんのファンになってしまうと思います。

アパホテル&リゾート〈東京ベイ幕張〉セントラルタワーB1Fにあるレストランの「鉄板焼 七海」の7番の個室に、鶴太郎さんが描いてくださった七福神の7つの野菜の絵を飾らせていただいております。鶴太郎さんが絵にサインを入れる時は、「筆圧が変わるから味が出る」という理由から鉛筆を使われるそうです。機会があれば、この本を読んでくださっている皆様にも、鶴太郎さんの絵をサインも含めてぜひご覧いただきたいと思っています。

◆ケーススタディ4

「人の気持ちを気分よく一変させる笑いの魔法」

落語家　林家三平師匠

ある時、取引先が出版した本の帯に林家正蔵師匠や林家三平師匠のコメントが書かれているのを見て興味がわき、私が参加しているダイヤモンド経営者倶楽部を通じてご紹介いただいたのが、最初のご縁でした。三平師匠は、私の母校でもある中央大学の先輩でもあります。

そして、三平師匠は50年以上も続く、日本テレビ系の長寿番組『笑点』のレギュラーメンバーです。私も落語が好きでよく観ますが、なかでも三平師匠は大好きな落語家の1人です。

私は、アパホテルで行われるさまざまなイベントも企画しているのですが、その中で、「落語晩餐会」を企画してみたら面白いと思い、アパホテルが運営する石川県の温泉旅館「加賀片山津温泉　佳水郷」とアパホテル〈東京潮見駅前〉の2カ所で開催した時のことです。

一瞬のつかみもうまく、コミュニケーションの取り方が上手な林家三平師匠ですが、表舞台だけでなく、スポンサーさんやスタッフへの気遣いも、大変フレンドリーながら細やかな配慮が素晴らしいのです。

アパホテル〈TKP日暮里駅前〉新規開業式典のパーティーがあった時も、三平師匠も駆けつけてくださったのですが、ここでも一つ面白いエピソードがあります。

会場での祝辞が1人3分くらいで進む中、あるお偉い方が1人で20分ものロングスピーチをし続けたのです。「ちょっと話が長いなあ」とみんなが感じていたその時、「私は用事があるのでこれで帰ります」とその方が締めくくったのです。それには、さすがに会場がざわつきました。

会に参加していた方々は、決して良い気分ではなかったはずです。

そして次のスピーチが、まさに林家三平師匠です。

すると、

「いやぁー、前のお偉い方の話が長かったので短めでいきます」とひと言。

そして、

「今日お集まりの皆様とアパホテル関係者とティーケーピー関係者の方と掛けまして、満塁ホームラン2本と解きます。

その心は……

発展（8点）間違いなし」。

その瞬間、会場からは拍手と笑い声が沸き起こり、会場の雰囲気が一変しました。たった1分足らずの短いスピーチが、会場にいた方たちの気持ちをすっきりさせて、良い気分に変えてしまったのです。まるで魔法のように。

噺家の方はやはり、話が面白く、つかみがうまいなぁ、とつくづく感心しました。**話というものは面白くて短いほど良い**。さらに、そこで「笑い」が取れれば人の気分さえも一瞬にして変えることができる。そして、相手へ鮮明に印象づけることができると思うのです。

林家三平師匠は二代目で、先代のお父様も昭和の大スター。喜劇王の血をしっかり引き継いでいるのだと思います。アパホテルで林家三平師匠の落語晩餐会を開いた時も、「海老名家では何かあると姉（美どり）に必ず相談しなくてはいけない。それをうちでは『みどりの窓口』という」なんていう話をネタのように話してくれて、大爆笑させてくれます。

この、**思いやりあふれる気遣いや人に対する姿勢が、年齢を問わず多くの人に愛される理由**なのだと感じますし、「この人に、また会いたい」と思われる要素なのだという、大きな学びが得られます。

◆ケーススタディ5

「人を介して広がっていく幸せの伝播」

株式会社オーダースーツＳＡＤＡ 代表取締役社長　佐田展隆さん

オーダースーツＳＡＤＡは、オーダースーツを初回１万９８００円から仕立てられるという、驚きの価格で勝負する会社です。その経営者である佐田さんは、東レ株式会社に勤務した後、その手腕でご実家の商売を立て直したそうです。

佐田さんのお客様は紹介が多く、それだけ人の信頼が厚いのです。お客様には、著名人も多く、Ｊリーグやプロ野球の選手たちにもスーツを提供しています。ホテル社長や私自身もオーダースーツＳＡＤＡのスーツの愛用者です。

佐田さんのすごさはその「営業力」に尽きます。ものすごいチャレンジャーで、自社のスーツの機能性をアピールするために、動画ＣＭで社長自らスーツでスキージャンプしたり、山に登ったり、サーフィンしたり、革靴にスーツで東京マラソンに出たりしています。そこまでやるの？　と思わず突っ込みたくなるくらい、会社のために体を張っている〈わらしべ長者〉です。

私は『Apple Town』の取材で、さまざまな著名人にお会いするのですが、その中で、特定のアパレルとＣＭ契約をしていない方であれば、佐田さんに、どんどんご紹介しています。ご紹介した芸能人、著名文化人、スポーツ選手などへは、佐田さんが無料でスーツを仕立ててプレゼントしてくださるからです。その代わり、ＰＲアンバサダー的にスーツ姿の写真を撮影させていただいて、営業に使用させていただくという方法で、非常に効果的な宣伝にしているのです。これが佐田さんの錬金術です。

オーダースーツSADAのHPにある、「著名人ギャラリー」に掲載されている30人以上が、私の紹介でスーツを作ってもらった方ということもあり、私自身もこのギャラリーを楽しみに見ています。

こうして、**人を紹介していくとお互いが幸せになり、さらにその周りにも幸せの連鎖が起こる**というのが〈わらしべ長者〉の法則であり、「幸せの魔法」なのではないでしょうか？

◆ケーススタディ6

「どんどんファンを増やして価値を高めてもらう」

ぱん士郎 帝塚山 代表取締役社長　長谷川哲也さん

大阪の帝塚山に本店がある、北海道産小麦を使った本食ぱんのお店「ぱん士郎」檜《ひ》鼻《ばな》輝好部長との出会いも偶然が呼び込んだご縁でした。

ある日、「ぱん士郎 広尾店」の前をたまたま通りかかって本食ぱんを買ってみたら、生地がやわらかくて耳までモチモチしていてとびきりおいしいパンだったのです。その後、ホテル社長が「ぱん士郎 広尾店」の前を歩いていると、「ぱん士郎」の檜鼻部長に声をかけられたそうで、同じ福井県の出身だからということだったらしいのですが、そんな話を聞いて、興味を持った私は「ぱん士郎　広尾店」にご挨拶に行かせていただきました。その時に長谷川哲也社長と檜鼻部長と意見交換などで、話が大変盛り上がり、とても親しくなれたのです。

その日はちょうど私が主催する勉強会が開催される日だったので、急な話だったのですが、参加をお誘いしてみたのです。すると、当日にもかかわらず、何と焼き立てのパン持参で駆けつけてくださったのでした。

その後も長谷川社長の**男気**で、アパホテル＆リゾート〈横浜ベイタワー〉やアパホテル〈新大阪駅タワー〉の開業式典の時に「ぱん士郎」の焼き立ての本食ぱんをＡＰＡの焼き印入りで大量に差し入れしてくれました。また、アパホテルが社会貢献活動として行っている、新型コロナ軽症者受け入れホテルに常駐する医療従事者の方やスタッフへの支援物資として焼き立ての温かい本食ぱんを差し入れてくださり、多くの方に大変喜ばれています。
「ぱん士郎」さんの本食ぱんは、原価を度外視して作っているというお話でした。使っている小麦はすべて北海道産の小麦１００％。その香りややわらかさ、おいしさはほかの食パンと食べ比べてみれば、違いがすぐにわかります。「ぱん士郎」社長長谷川さんの本業は不動産業ですが、美味しい本物の食パンを多くの人に食べてもらいたいという思いから、こだわりの本食ぱんを作っているのです。

私も営業で相手先に出向いた時や、取材のご挨拶などでゲストにお菓子などをお渡しすることが多いのですが、「ぱん士郎」の本食ぱんを差し上げると皆さん大変喜ばれます。写真映えもするし、企業のロゴで焼き印入りを作ってくれるので、イベントや記念行事にも使いやすい。家紋や新郎新婦の名前なども入れてくれるらしいので、引き出物にもいい。値段は税込み８９６円とお手ごろでも、もらって嬉しいものだと思います。

最近は、注目度も高く、テレビのランキングにも出ていたし、女優の米倉涼子さんやデザイナーの桂由美先生など有名人のファンも多いようで、SNSに「ぱん士郎」さんの本食ぱんの写真が上がっているのを目にします。一度食べたらファンになってしまうから、どんどんファンが増え続けているのでしょう。

「相手のために役に立てるなら」と自分の持っているものを差し出す。そして、自分が発信した情報や本食ぱんに価値を見出した人たちがどんどんファンになって価値を高めてくれる。これもまさに、〈わらしべ長者〉の魔法が働いているに違いありません。

◆ケーススタディ7

「垣根を越えてアイディアで奇跡を起こす」

株式会社ロッテ　マーケティング本部マーケティング戦略部
新ブランド開発課　課長　**本原正明さん**

「お口の恋人ロッテ」のキャッチコピーで知られる大手菓子メーカーロッテの本社で、打ち合わせをしていた時、雑談の中で私が「ビックリマンチョコが好きだ」という話をしたら、突然呼び出されて登場したのがロッテの本原さんでした。

この本原さんが、とんでもないほど、〈わらしべ長者〉的なアイディアマンなのです。あらゆる人と人をつないで営業に出向いては新しいコラボ企画を実現してくる。例えば、おもちゃで有名なタカラトミーに行って、「人生ゲーム」で「ビックリマン」の世界観を再現して、「人生ゲーム」とコラボ商品を作ったり、漫画なら「ワンピース」「キン肉マン」「鬼滅の刃」や、アイドルなら「AKB48」というようにどんどんコラボしてビックリマンチョコを作ったりと、そのコラボ企画の数がすごいのです。

私がアパホテルのディナーショーを手掛けていただいた関係でお付き合いのあったパティシエの鎧塚俊彦さんを、本原さんにご紹介したらすぐに、鎧塚さん監修の宝石箱に入った1個500円の生チョコパイを企画し、新宿の京王百貨店で1年限定販売を行って話題にしたり、本原さんのアイディアがとにかくすごいのです。まさにコラボレーションの達人であり、30代にして数え切れないほどのコラボレーションの実績を作った人です。本原さんを見ていると、社長だからできるだとか、同じ業界だからできるなど、**役職やカテゴリーなど関係ない**のだと思わされます。いろいろなものを超越して、**スピーディーに行動し、相手の懐に飛び込みどんどん企画を実現していく**

のです。

好奇心旺盛で活発に動き、勉強熱心でビジネスマンとしての才能がとても豊かである彼自身こそが、魅力あるものであり、周りから価値を見出され、高めてもらえる発信力そのものなのかもしれません。

◆ケーススタディ8

「最初につかんだものを手放さず活かし続ける」

株式会社麵屋武蔵 代表取締役社長 矢都木二郎さん

私が主催する勉強会に参加していただいたのをきっかけに、矢都木さんにロッテの方をご紹介しました。すると、矢都木さんは、すぐにロッテに営業に出向き、「ガーナチョコレート」をお土産にいただいて帰ってきました。

矢都木さんが作る「麵屋武蔵」の味噌ラーメンの味噌は甘辛く、そこにカカオを入れると香りも甘みも加わり、味に深みが出ることに気づいたのです。そこでロッテの「ガーナチョコレート」を入れて味噌ガーナラーメンを作ってみたそうです。さらに、ロッテ「ガーナチョコレート」に協賛をいただいて、バレンタイン限定で「ロッテコラボカップラーメン」も作ってしまったのです。それを「サークルＫサンクス」などのコンビニで限定販売し、それがまたまた話題になって、フジテレビの『めざましテレビ』に取り上げられ、テレビ出演をして、ますます注目されたのでした。

これってなんだか、〈わらしべ長者〉の物語と似ていると思いませんか？
もうお気づきですね。矢都木さんもまた、〈わらしべ長者〉的思考の持ち主なのです。

このロッテ「ガーナチョコレート」コラボのほかにも、カルビーの方をご紹介したら、シリアルで有名な「フルグラ」を冷やしラーメンに載せてコラボラーメンを作ったり、日本酒の銘酒として世界的にも名高い山口県の「獺祭」とコラボしたラーメンを作ったり、常にアンテナを張って、どんどん新しいコラボ商品を生み出しているのです。

じつはこの矢都木さん、独立しようと思ったら、腕を認められて「麺屋武蔵」の社長に抜擢されてしまったのだそう。それだけ敏腕だし、**研究心がとても旺盛**なのです。常にどうしたらもっとおいしくなるかを考えて、こだわりをもって至極のラーメン作りに挑戦し続けています。

新宿にある「創始 麺屋武蔵」のラーメンは、角煮がやわらかく麺もモチモチでスープも味わい深いのですが、醤油ラーメンの底に**隠されたゆずのエキスが仕込まれているの**です。ラーメンの後半で味が変わると、頭の中で『栄光の架橋』の曲が流れてくるのです。ゆずだけに……。

◆ケーススタディ9

「人が寄ってくる面白さ、唯一無二の価値で勝負する」

TOSYO株式会社 代表取締役社長　中川貴文さん

ＴＯＳＹＯは、ハンコやキャラクター雑貨、１点物のグッズなどを作って販売している面白い会社です。「おそ松くん」や「ゴジラ」などのアニメグッズや、秋葉原系キャラクター、プロ野球の広島カープのハンコなどいろいろなものを作っています。

私が仕事上重要なキーパーソンとの打ち合わせの予定がある時など、事前にわかっていれば、１点物のプレゼントを製作してくれたりするのです。月刊誌『Apple Town』の取材で、俳優の鈴木福くんの取材があった時にも、事前に広島カープファンだと知って、「カープ坊や」に鈴木福くんの名前を彫ったハンコを特別に製作していただきました。それを福くんにプレゼントしたら、とても喜んでもらえたのです。

大切な人に、1点物のプレゼントを渡したい時など、とても重宝する会社です。私はハンコに使う朱肉の赤でイメージが湧き、中川さんに郵便局の局長をご紹介してみたら、何と郵便局の風景印を作ることになったそうです。

また、アパホテル&リゾート〈両国駅タワー〉の最上階にあるアパホテル直営のレストラン、鉄板焼「THE 七海」で「日本テレビの小杉善信社長を囲む会」を主催した時、記念に小杉社長の似顔絵ハンコを作ってもらってプレゼントしたら、大変気に入っていただけました。そして、それをきっかけに『嵐にしやがれ』(日本テレビ系)の番組の最終回に、嵐のメンバー5人に似顔絵のハンコを作ってプレゼントされたそうです。

その後、さらに、ほかにもタレントさんからハンコなどのオーダーをいただけたそうです。

このように、**突き抜けて面白いことや無限大に面白いことをしていると、「何だ？何だ？」と人が寄ってくる**ものです。ここでも、「人に喜んでもらえるなら」という心から、**「世の中に一つしかない価値」**が生み出されている〈わらしべ長者〉の魔法が効いていますよね。

◆ケーススタディ10

「一瞬で心をつかむ技術」

銀座マジックバー「都々'ｓ Ｂａｒ」マジシャン　都々さん

東京・銀座に「都々'ｓ Ｂａｒ」という面白いマジックバーがあるのですが、そこのオーナーでもあるマジシャンの都々さんは、あのマジック界の大物、Ｍｒ．マリックさんを紹介してくださった方でもあります。また、都々さんも、人の紹介でお客様を増やしている〈わらしべ長者〉の1人です。

これは、私の奥の手なのですが、ビジネスで重要なキーパーソンとの会食がある場合、都々さんに同行していただくのです。会食の場でマジックを披露してもらえば商談が盛り上がり、リラックスした楽しい雰囲気の中で、お互いのコミュニケーションも取りやすくなるからです。

また、都々さんにとっても、先方の会社の懇親会やイベントに呼ばれる機会をいただくことが営業につながり、これもＷＩＮ‐ＷＩＮの関係となります。都々さんは、マジックはもちろんのこと、トーク力にも大変優れているのです。

ある時、都々さんにＭｒ．マリックさんと、マギー司郎さんとの会食に誘われて、3人のマジシャンに囲まれて食事をするという、めったに経験できないひとときを過ごしたことがあります。マジシャンの方々がすごいのは、一瞬にして虜にされるほどの魅力を見せられるからでしょうか。**あっという間に自分のファンにしてしまう魔力を持っている**と思います。〈わらしべ長者〉に共通して言えるのは皆人懐っこいところ。

いつもオープンマインドで、誰に対しても等身大でフレンドリー。そして一瞬にして魅了され、心を鷲づかみにされてしまうのです。

このように、一流のマジシャンほどの技術はなくても、簡単なマジックを覚えて、初対面の人に披露してみるのも面白いかもしれません。きっと相手の心を解きほぐし、笑ってもらえて、必ず相手の印象に残るはずですから。

人が興味を持って寄ってくるような技術や話題が提供できれば、〈わらしべ長者〉の物語がいつ始まってもおかしくないのだと思いませんか？

第5章

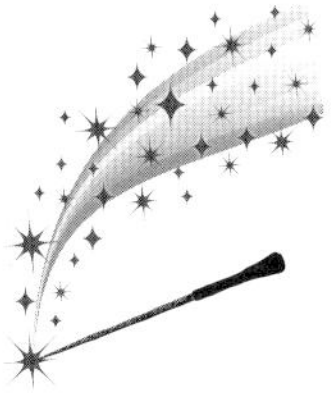

〈わらしべ長者〉の錬金術

〈わらしべ長者〉的お金と時間の使い方

人間にも命のタイムリミットがあるように、お金にも使えるタイムリミットがあるとしたらどうしますか？

例えば、今日1日で100万円を使いきらないと明日には自分の命もお金もなくなってしまうとしたら……。家族や友人に与えたり、どこかに100万円をそのまま寄付する、という回答以外で考えてください。

ここでは100万円というお金を、**限られた時間内に「どれほど有効に使える**

か？」というのがテーマです。

自分が普段できない贅沢や快楽に使いますか？　いつかは手に入れたいと思っていた高級品の購入や日帰り旅行の費用に充てますか？

お金の使い方には、その人の性分が出るものです。24時間以内にお金を使いきらないと命がなくなる……究極の選択、という状況で考えると、自分が使うモノだけ買っても24時間しか所有できないし、刹那的に浪費したところで何も残らない。じつは、**「お金の使い方や時間の使い方が下手なのではないか？」ということに気づく**のではないでしょうか。

一生は24時間＝１日の連続です。「お金を有効に使うためにはどうしたらいいのだろうか？」ということに気づいたもの勝ちです。普通は、いい年になるまで真剣に考えず、だらっと日常の小さな欲望を満たすだけに使い、有意義なお金の使い方というものを見過ごしてしまっているものです。

以前、「地元に貢献する」ことをテーマに、24時間で100万円をどう使うかというテレビ番組を観たのですが、芸人のアキラ100％さんは、自分が野球をやっていたという理由から、母校にグローブなどを買って寄付していました。それは素晴らしいお金の使い方だと思いました。なぜなら、自分が一生懸命打ち込んでいたという経験を、同じように頑張っている後輩のために役立てたいという明確な考えと思いがあるからです。

24時間以内という制限は唐突ですが、実際24時間の連続によって人生はつながっています。「お金の使い方」というものを日々真剣に考えるのは、**将来「財を成せるか否**

か」の分かれ目だとも思うのです。

代表の格言に、「時は金なり」ではなく「**時は命なり**」があります。

「人間は人の3倍働いたら体力の限界を迎え、体を壊してしまうが、頭は人の１００倍使っても、より脳が活性化され、ボケ防止にもなる」ということを言っています。

要は、**頭はいくら使っても良いことしかない**、ということです。


また、お金は使わないでも価値を見出せる方法もあります。例えば、アパホテルで人気のイベント例をご紹介しましょう。

千葉県にあるアパホテル＆リゾート〈東京ベイ幕張〉セントラルタワー50Ｆにあるダイニング＆バー「スカイクルーズマクハリ」で、昼間にスイーツビュッフェを行っているのですが、そこで毎年バレンタインの期間だけ、ロッテ「コアラのマーチ」とコラボしたイベントを行っています。12時半からの限定タイムサービスとしてショートケーキを出しているのですが、そのショートケーキに飾られた「コアラのマーチ」が可愛いと子供にも大人にも大人気で、皆さん写真を撮ってSNSで拡散してくれます。このイベントは、株式会社ロッテに協賛していただき実現しました。また、恒例のイベントですから、お客様も毎年とても楽しみにしてくださっています。

このイベントが人気のおかげで売り上げも上がり、お客様も喜び、リピーターも増え、ロッテ「コアラのマーチ」の宣伝にもなり、SNSなどの情報で新しく興味を持ってくださった方の来店も増えるようになりました。

このように、知恵を絞って考え、さまざまな立場の人を巻き込んで、喜んでもらいながら皆に利益をもたらすことが自分の大きな幸せや利益につながっていくのだと思うのです。

より優れた〈わらしべ長者〉になるために

起業でも副業でもＹｏｕＴｕｂｅｒでも会社の仕事でも、すべての仕事を商売という軸で考えた時、商売人気質の人がいる場所では、居心地や空間、会話や感じの良さが人を呼び、人の連鎖反応的なつながりを呼び込んでいくと思っています。

これも、〈わらしべ長者〉的要素の一つであり、それが自然とうまくできる人は、どんな商売をしてもうまくいくと私の経験上、感じています。

私の商売人としての信条は、**「人間的魅力を活かして人や社会の役に立つこと」**です。

自分本位ではないやり方で、結果を出すということです。

江戸時代末期（幕末）から明治時代にかけて、現在の宮城県仙台市に実在した福の神として知られる仙台四郎の言葉に、商売についての面白い話があります。

商売はあきないという。それは面白くて仕方がないからあきないなのだ。

いつも面白いから、笑顔が絶えないから笑売となる。

いらっしゃいませ、ありがとうございます。

いつも活発だから勝売となる。

あきない商売を面白くないと思っているとすぐ飽き、

いつも不平不満や愚痴が出て心が次第に傷ついて、傷売となる。

こんな店は誰も寄り付かなくなり、消売と消えてしまう。

また、松下幸之助は「商売とは感動を与えることである」と言っています。

２０２１年のＮＨＫ大河ドラマ『青天を衝け』の主人公、渋沢栄一は「商売で最も重要なのは、競争しながら道徳を守ることである」と言っています。

そして、代表は「**商売とは信用を築くことである**」と言っています。

すべての言葉に「人」との関係性が記されていると思います。**人との関係性を調整する能力が必要とされるのが商売**なのかもしれません。

大切なのはシンプルなこと。新たに出会った人と仲良くなって、〈わらしべ長者〉をつなげていく。そういう環境を作ることがすべての始まりになります。これまで何度か触れているように、プラットフォームというか、ハブ空港的な場所に、人も情報もモノもお金も集まってくるものです。〈わらしべ長者〉的思考を学んで実践することも大事ですが、まずは自分が率先して、主催するプラットフォーム作りをしてみて欲しいと思います。いろんな人にチャンスを与えられるポジションに立って、仲間の役に立つことを意識することで、人に感謝され、助け合う気持ちがはぐくまれ、笑顔が増える環境作りができるのです。自分や仲間の居心地の良い居場所ができるし、情報交換しながらお互いがステップアップできる関係性が作れるはずです。

奇跡は計算しつくされた努力でも起きる

代表は、14歳で父親を亡くし、6人兄弟の長男として家族を背負った苦労人ですが、そのことを、自分で「**早く大人になれるチャンスが得られる環境だった**」と表現します。

思春期の多感な時期、グレたり恨み辛みを言ったりせず、食べていくだけでも大変であろう、急激に変わってしまった環境に対峙して前向きに生きてきた人です。また、地元で家族を支えるために、転勤があったとしても、通勤できる範囲の信用金庫を選んで金融を学びました。

そして「**人が幸せになる商売がしたい**」と思ったのです。人の幸せは何かと言ったら、当時は「良い家族に恵まれて広い家に住み、豊かに暮らすこと」と言う人が多かった。そこで、家を作ることを商売として始めました。注文住宅から始まって、賃貸マンションを作り、分譲マンションを作り、その後ホテルを作って50年目に至ります。

元手なしで始めた注文住宅の仕事は、住む人のことを、とことん考えた設計の工夫だったり、多くの人からの信用・信頼であったり、類まれな企画力だったりという代表の力でどんどん大きくなっていきました。

その後、事業規模が大きくなると、会社として資産を持つという考えにシフトしていきました。マンションは売ってしまえば所有権がなくなってしまう。それでは売り上げが安定しないので、日銭が入るホテルを運営し、両輪の経営をすることで、安定した収入にすることができます。そして「**日常の幸せと、非日常の幸せを売る**」日々が始まりました。

アパグループは**創業からこれまでの49年間一度も赤字を出さずに連続黒字経営を成し遂げています**。バブル崩壊に始まるこれまでの経済ショックや大震災などの自然災害など、世の中の大きな変動が起きる中、**どんな時代も一度も赤字を出していないということだけでも、奇跡の魔法**だと思います。それは世の中のすべての会社の中でも、１％以下、それも限りなく０に近い０・０００００数％という確率なのです。

アパグループの急成長に寄与した最大のチャンスはリーマンショックでした。

耐震構造の報道で騒がれた時、ファンドバブル最中の時期に高値で手持ちの不動産を売却しました。そして、資産を現金化したその数カ月後に、リーマンショックが発生したのです。そこで価格が急落した都心の一等地を、今度は安くなったタイミングで一気に購入していきました。まさに**奇跡の風**が吹いたのです。
そして、それは「**馬は、乗り手を選ぶし、厳しい時代は、経営者を選ぶ**」ということなのです。

代表の作った数ある格言の中に、「**逆境こそ好機ある機会なり**」という言葉があります。ホテル社長も「**ピンチはチャンス**」だと常々言っています。まさにこの考え方が危機をチャンスに変え、驀進の機動力としたことに違いありません。

代表は「**人間、どう考えるかで人生が決まる**」と言います。世の中、良い話も悪い話もあるが、**一喜一憂せずに物事の違いがどうなのかを考え、自分で考えの幅を広げていく**のだと。

そして、「**どんな風が吹いていても、風が吹く限り（船の）操舵力を活かして前に進む**

ことができる。それがたとえ逆風であっても風は風。吹いている限りは前に進める」はずだという考えを持っています。代表にとって**逆境はワクワク感が伴う課題**であり、逆風を受けながらそれを原動力に課題をこなしていきます。

こうして、人生で出合う数々のピンチから逃げずに対処しながら、起きた事象、物事を先読みする力で解決し、成功へつなげていったのです。**「奇跡は計算しつくされた努力で起こすことができる」**とも言えるのではないでしょうか。

奇跡の魔法使い、アパグループ代表元谷外志雄から学んだ大切なこと

代表の考え方は非常にオープンです。アパグループ成功の**ノウハウに始まって、経営方針や経営戦略、戦術、営業方針をどんどん周りにアウトプット**していきます。そうすることによって、多くの取引先や社員にも安心していただくことができるからです。

また、インプットする情報量がすさまじいので、人に惜しみなく伝えることができるのでしょう。「**1億の情報を入れても、ものにできてアウトプットできる情報は100**」程度であるという考えから、必要な情報をアウトプットするために、ベースになる膨大な情報を収集しているのです。

アウトプットされた戦略や成功体験、具体的方法など情報はオープンにしていますので、アパグループの経営を真似する会社も多いのですが、失敗して潰れてしまう会社も多いのです。それを代表は「**真似は似て非なるものなり**」と言います。

本物の本質とは？　根幹は何か？　誇りをもって経営しているか？

その神髄が理解できなければ、同じようにはいかないのだと。

世界82カ国を周り、その国の政治経済を自分の目で見て分析し、各国の要人ともディベートを行い、世界の事情に精通している代表の経営には、普通の人が気づかないしくみが数多くあるのです。

日本全国に展開するアパホテルの建設や都市開発事業も、各地の行政によって建築条件などが違うので、その土地の条例やルールを守りながら新規開拓を行っています。

そんな中で代表と候補地を見に行く時、いつも驚かされることがあります。新しい土地を購入するか否かを、見て数秒で決断します。代表は**「1秒決断」**と言っていますが、土地を見た瞬間、設計効率、ボリューム設計、容積率、建蔽率、車線規制などを判断し、ほんの数秒で客室数を割りだすことができるのです。瞬時に導き出したその数字は、後に一級建築士が出す数字と誤差がほとんどないほどの正確さです。

ある日、「このホテル買っといたから」と幕張プリンスの資料を見せられた時も驚きましたが、それが代表の神髄です。情報収集能力、分析力、設計力、交渉力、企画力が圧倒的で、なおかつ決断と行動のスピードが速いのです。数々のピンチをチャンスに変えることができたのは、こういった能力を磨くための努力をし続けてきたからというこことに尽きると思います。

「**最善手は頭で考えられる。それを行動に起こすための準備をすることが重要**」なのです。

アパホテルに隠された魔法の秘密 ～一瞬にして最善手を打とう～

アパホテル設計の秘密を一つお伝えすると、それは「**心理学を取り入れている**」ということです。

例えば、

- **お客様を監視しない、信頼する**
- **安心してくつろいでいただくために過剰なサービスはしない**
- **ホテルの部屋というスペースを売るのではなく、お客様の「快適さと満足感」を売っている**
- **イライラさせない、待たせない、ストレスをかけない**

ということです。

アパホテルが自社で設計したホテルは、お客様のプライバシーに配慮して、心理学に基づいた設計をしています。フロント、ロビー、客室もすべてお客様が快適に利用できるように細部にまで工夫を凝らしているのです。

フロントは横向きにして、お客様といきなり対面して威圧感を与えない位置に配置されています。

冷蔵庫を空にしているのも、買ってきたものを入れて好きに使っていただくためです。ホテルや旅館の冷蔵庫には、飲み物やおつまみがあらかじめ入っていて、手をつけたものがあると、チェックアウトの時に、何を飲んだか、食べたかをいちいち聞かれ、割高な精算をした経験がある人も多いと思います。疑われているようで、いい気分はしませんよね。

また、客室は決して広くはないですが、ベッドやテレビが大きく、枕元にコンセント類が集中していて携帯電話の充電や、エアコンの操作もしやすくなっており、荷物はベッド下に収納できます。ルームキーを持って外出すると、必要なコンセントを除くすべての電源がＯＦＦになるシステムを採用しているため、部屋を出るたびに照明やテレビ、エアコンなどを消す煩わしさもありません。これはアパグループが販売するマンションでも採用されているホテルのしくみなのですが、消し忘れなどで電気代も事故も心配しなくて良いし、環境にもやさしいため大変好評です。

そして、「**お客様の時間を奪わない～ＴＩＭＥ ＩＳ ＬＩＦＥ 時は命なり～**」という代表の考えから生まれたエクスプレスチェックアウトポストがあります。「時は命なり」というだけあって、代表は時間に対する考えが厳しく、お客様を待たせないようにという強い意識から考え出されたシステムです。

この、エクスプレスチェックアウトポストは、事前に精算した客室のカードキーをポストに投入するだけで1秒でチェックアウトができるので、お客様をイライラさせたり並ばせたりせずに済みます。また、エクスプレスチェックアウトポストに付いたセンサーが、何号室がチェックアウトしたかを瞬時に読み取るため、すぐ清掃に入れるようになったのです。それによって、清掃会社の人たちの時間も無駄にすることなく、効率の良い流れができるようになりました。

ホームページからの予約もクリック数が最小限で済むようにシステム化されており、ワンステップ予約、1秒チェックイン、1秒チェックアウトの「トリプルワンシステム」の導入などアパホテルには経済合理性、設計効率、宿泊者満足度、心理学を組み合わせ、**徹底して考え抜かれた工夫がたくさんあります**。リピーターが多いのも理由があるのです。

今までにホテル＆マンション併設型プロジェクトを全国各地で開発してきました。これは、同じ敷地内にホテルとマンションを併設して建築する総合都市開発です。

じつは、大きな駅の周辺にはマンションが作れないのです。商業地域であれば、住居は法律上作れないことになっているからです。しかしながら商業地域でも建設可能なホテルとマンションを併設することによって、許可が出るケースがあるのです。ホテル併設型のマンションは、行政の許可がおりれば、商業地域のような好立地に建築することができるのです。

さらに、併設されたホテルをマイホテルとして施設利用もでき、ゲストルームとしても格安で使えるという、マンションオーナーのメリットが大きいだけでなく、好立地のホテル併設型のマンションの資産価値は、下がりにくいのです。本来、マンションが作れない駅前などの商業地域にホテルを建築することで隣に併設するマンションの建築も認められれば、まさに不可能を可能にする魔法のプロジェクトとなるのです。

成功のカギを握る「間」のキーワード10

〈わらしべ長者〉の昔話から始まり、1章からこの5章まで読み進めていただいたなら、もうおわかりかと思うのですが、「人とのコミュニケーション」や「情報」を正しく活かすことができれば、それがどれほど人生を豊かにし、ピンチを救い、成功に導くカギとなってくれるか、ということをこの本でお伝えしたかったのです。実際に私自身が学びながら気づきを得ていった過程で、より良い考え方や思考法、人との付き合い方、自分の努力習慣にしていることなどを最後にまとめてみました。

これまで、私の周りの〈わらしべ長者〉的成功者たちから学び得たことや、自分自身の成功法則にのっとって実践してきた私自身の考え、情報の取り入れ方などをご紹介していきます。これから始まる、あなた自身の魅力的な「わらしべ長者物語」に加える、魔法のエッセンスとしてお役立ていただけたら嬉しいです。

①居間

家庭の中でみんなが集まる場所ですから、楽しく温かい雰囲気作りや笑顔になれる会話を心がけ、**人との良いコミュニケーションを習慣化**しましょう。**家庭の中でもできないことなら、外ではもっと通用しない**もの。また、冷蔵庫の残り物で美味しい料理を作ってみましょう。発酵食品×発酵食品で、さらに味が深まり美味しくなるし、体調も整えてくれます。

②期間限定

ほとんどの人は、この言葉に弱いものです。タイミングは、合う合わないというものではなく、**自分からタイミングに合わせて乗っていくもの**です。そうすると、ここぞという時に**チャンスを逃さない習慣**ができます。期間を限定することでできたチャンスタイムに成果を出しましょう。毎日が野球でいう七回裏の攻撃。ラッキーセブンに大量得点を積み上げましょう。

③空間

物事を時間を含め、立体的に、四次元的に考えてみると可能性が広がります。その考えを空間に見立て、多面的な企画・戦略を考え、スピーディーに実行しましょう。その空間を支配することができるようになります。より良い空間＝思考を形にして他者や会社、事業や世の中に提供していくために、**自らも常に物事を検証し、センスを磨く努力をする**ことも必要不可欠です。

④行間

「今日の〇〇新聞にこう書いてあったけど」という切り口ではなく、新聞各紙を読み比べて、それぞれの文章の行間に隠された考えの違いを学ぶ練習をしてみましょう。

各新聞社の記事の違いから、事象のとらえ方、考え方が読み取れるようになります。それは、**さまざまな人の思考や感情を洞察する助けにもなり**ますし、記事の行間を分析して読み解くことができるようになれば、**起きている事象の先を読むことができる**ようになります。さらに、深く学ぶことで、自分の考え方の引き出しが増えるのです。

⑤時間

「ＴＩＭＥ ＩＳ ＬＩＦＥ　時は命なり」。アパグループ代表の元谷外志雄の座右の銘の一つで、よく口にする言葉です。**時間は、自分の命を削った貴重な熱源や価値ある財宝**ととらえて、最大限に有効活用しましょう。時間を味方にするには、緩急自在（フレキシブル）に動くことと朝早く起きることが基本です。**早起きは三文の徳**。

⑥瞬間

チャンスは一瞬。そのために準備して最善手を打ち、幸運の女神の前髪を鷲づかみにしましょう。チャンスは貯金できないのです。その一瞬のために準備をしておきましょう。また、一瞬にして**敵を味方にしてしまうには、魔法のユーモアセンスが効果的**です。自分の魅力のギャップを活かし、その術を身につけてしまえば、一瞬にして相手を魅了することも可能になります。常に新しい情報を仕入れ、自分の魅力に磨きをかけてください。

⑦隙間

商売のチャンスは、ニッチにあり。誰も気づかないこと、誰もやらないこと、みんなが捨ててしまっていたモノなどに注目してみましょう。今までの「あたりまえ」を一度頭から外し、やわらかい頭で考えるとアイディアがひらめくはず。捨てられていたパンの耳を揚げたら、美味しいラスクになって、爆発的ヒットになったというように。今まで誰もやったことがないことに挑戦しましょう。

「史上初の○○」こそ、一番話題性が高いものです。

⑧手間

どんなプレゼントよりも、その人の愛情が伝わる心のこもったもの、**手間暇かけて作られたものが一番喜ばれ、相手の心を動かします。**相手の心に響く直筆の寄せ書きや手紙、メール、ＬＩＮＥなど、感謝や愛情を込めた心を伝える言葉が最強のプレゼントです。遠慮したり、恥ずかしがったりせずに大切な人に素直な気持ちで伝えたなら、伝えた人の運も高まり、**奇跡的な流れを生み出してくれる**ものなのです。**今この本を手に取ってくださっているあなたからのお手紙も、お待ちしています。私は、真剣に読みます。**

⑨仲間

家族や友人、知人など、自分を応援してくれる人は大切です。そして、自分自身が**周囲の人をもっともっと応援していくことは、さらに大切なこと**なのです。仲間にたくさんの情報や人を紹介し、小さなギフトを差し入れしてチームワークを大切にしましょう。あなたの目の前にいる上司や同僚、部下を**今の10倍大切にしよう**と思ってぜひ実行してみてください。**「鏡の法則」**が働き、自分が他者を大切にすればするほど、**相手からも大切にされる**ものなのです。

⑩人間

心理学と統計学を学び知ることは、人生の役に立ちます。自分の人間的魅力を磨き、その武器を駆使して**どう考えるか、どう行動するかで人生が決まる**のです。対人折衝能力や善良な駆け引きをレベルアップさせることで、良い意味での「タフ・ネゴシエーター」になることができるでしょう。目の前にいる人を喜ばせ、幸せにしてＷＩＮ-ＷＩＮの関係を構築しましょう。**成功をグッと近くに引き寄せる力**になります。

元谷 拓の〈わらしべ長者〉的10ルール

①相手の関心の中に自分を入れてもらう

相手から必要とされる『情報』『モノ』『力』を身につける

②美点凝視で相手を好きになる

褒めるのが苦手な人は、『驚いてみる』と褒めたことになる

③本質を見極めて、センスを磨く

３カ月に一度、普段絶対に行かない高級なお店でおいしい料理を食べる

④自分の周りの人を主役にして、与えられた環境を活かして行動しよう

映画監督、脚本家、放送作家的な立ち位置で考えて
困難なことに挑戦して不可能を可能にしよう

⑤積極的にゴミを拾う

気が利く人は、運気も人気もチャンスも自然と上昇する

⑥自分がされたら嬉しいこと(貢献)を毎日する

特別な日でない時に小さなプレゼントをする

⑦吉野家のアタマの大盛牛丼を食べる

人の100倍頭を使って戦略的に考えてアイディアを練る

⑧相手のお困りごとを聞いて、発言力、判断力、交渉力を磨く

経験値を高めて語彙力、問題解決力、危機管理力を養う

⑨つまらないこだわりを捨てて、価値ある選択をする

相手に適応して最短距離を駆け抜ける。回り道もOK。より深みが出る

⑩3S思考(最善手でスピーディーにシンプルに)で物事をとらえる

お金と時間の使い方をレベルアップして頭脳的に行動する

おわりに

山の登り方は人それぞれ

人生を山に喩えたら、その登り方も人それぞれだと思うのです。

安全で平坦なコースから始める人、リスクがあっても、ぬかるんだ道を歩く人、最短で崖から登ろうとする人、人が知らない裏道を探す人など、目指すゴールにたどり着くための方法をそれぞれが選び、得意な場所から始めることで、結果目標に到達するのだと思います。

ゴールに達するまでの時間も経験もさまざまで、時には無駄なことだと思っても、回り道だと思っても、それが目標に到達するために必要なプロセスだったという場合もあります。

例えば、俳優、ミュージシャンとして幅広く活躍されている福山雅治さんのケースを考えてみたらわかりやすいかもしれません。

福山雅治さんは、デビュー当時から音楽をやりたかったそうです。しかしながら、そのイケメンなルックスやトークの面白さに火がついて、ドラマやラジオの引き合いが多く、音楽の仕事には即直結しなかったそうです。けれど、目の前の仕事をこなしていくうちに、チャンスをつかみ、アーティストとしても大成功を収めたのです。

このように、**自分が得意な、もしくは他者からの評価が高いストロングポイントをうまく攻めて**、周囲から求められているニーズに対応しながら山を登っていくことで、最終的に目指すゴールに達するというケースもあります。

もし、あなたが「私には運がない」「人脈がない」というなら、成功者と行動を共にしてみることをお勧めします。自分の周りにいる「この人は運がいい」と思う人でもいいし、魅力的なゲストが登壇する勉強会に出席して、ご縁をいただくのをきっかけにしてもいい。自分で主催した勉強会や異業種交流会に、憧れの人をゲストに招いてもいい。そして、その人の言動をよく観察し、運をつかむコツを学んでいくのも手だと思います。きっと「**強運の習慣**」が何かしらあるはずですから。

また、重要なのは**センスとタイミング**。目の前に一つの事象についてA・B・Cと3通りの情報があるとしたら、それらの情報を比較して、その行間を読む訓練も必要です。行間を読むというのは、例えば3つの情報の中から事実を導き出し、真実とその背景を読み解く力のようなものです。

人の価値観や感情は本当にさまざまですから、そのフィルターを通した情報を鵜呑みにすることは時に危険なこともあるのです。そうではなく、実際の真実を見極める、本質を見極める、まさに**真贋を見極めるという訓練**をぜひ実践してみてください。

そうすることで、もし人生の登山途中で困難に遭ったとしても、**正しい「人の力の借り方」**がわかると思うのです。「ここでは、どういう人を巻き込んで、どんな力を借りて、難関突破をするのか」ということが。

私が参加した、ある勉強会で出たゲストへの質問に「どうしたらセンスを磨くことができますか?」というものがありましたが、その時のゲストの答えが「3カ月に一度でいいから普段食べないような美味しくて高い食事をしに行きなさい。そうすればマナー、本物の味、来ている客の雰囲気などが学べ、センスが磨かれる」と。要は**一流に触れて、一流たる理由を考えてみなさい、そこから学びなさい**ということです。

松と竹の違いが判り、好奇心がくすぐられ、ワンランク上の世界に触れることができる。

そうしてセンスを磨くということを学ばせていただきました。

私が「元谷拓の〈わらしべ長者〉的10ルール」に入れた③本質を見極めて、センスを磨く　3カ月に一度、普段絶対に行かない高級なお店でおいしい料理を食べるは、このエピソードからです。

また、アパグループは本書でご紹介したほかにも、たくさんの**社会貢献活動**を行っています。私自身も自分で主催したチャリティーオークションで、日本赤十字社への寄付を行っています。「元谷 拓の講演会を行う権利」を毎年オークションにかけると、その落札価格が変動するので、私のその時の人気度合いが株価みたいに上がったり下がったりするのが面白いです。数年前、その私が講演会を行う権利のオークションが盛り上がり、なぜか奇跡的な風が吹いたのか、女性3人が最後まで譲らずに次々と手をあげ続けて高額な落札価格で競り落としてくださいました。

その時、落札してくれた株式会社journeyの木澤あおい社長は、まだ20代の若い魅力的な経営者です。

金額の価値は私への評価だと受けとめ、気の引き締まる思いとともに、本当にありがたいことだと思っています。それが何より私の心の支えにもなっています。このお金は、**全額寄付**しているのですが、今は累計1000万円を目標に毎年チャリティーオークションを開催しています。

このように、**人の評価によって自分の価値が高まる**ことこそが、**真の〈わらしべ長者〉の魔法**であり、これから始まるあなたの「わらしべ長者物語」にぜひ活かしていただければ、これ以上嬉しいことはありません。ぜひ、たくさんの幸せの魔法を広めていってください。

いつかどこかであなたの「わらしべ長者物語」を聞かせていただけることを楽しみにしています。

2021年5月10日　アパグループ創業50周年の輝かしい記念日に

アパホテル株式会社　代表取締役専務　**元谷　拓**

付録

進化し続けるアパホテルの おもてなし

アパホテルプライド〈国会議事堂前〉エントランス

独創のノウハウで、新しいライフスタイルを提案してきたアパグループ。創業50周年にあたる2021年、アパホテルは国内外に広く展開を進め、日本国内だけでもすでに10万室を超えるほどの日本一のホテルとなった。「未来・独創」をスローガンとして「高機能」「高品質」「環境対応型」をコンセプトに、どんどん進化していくアパホテルの「おもてなし」の秘密をご紹介します。

お

惜しみなく「お客様のために」を考え続ける

宿泊客の時間やプライバシーを邪魔しない、徹底的な顧客目線で考えられたアパホテルの合理的なシステムの数々。また、アパが手掛けるホテル＆マンションプロジェクトは、繁華街商業地にホテルとマンションを併設することで実現する駅前マンション。そこにもホテルのノウハウが詰まっている。

1. アプリチェックイン専用機

200万ダウンロードを超えるアパホテルのアプリ。チェックインも、アプリマイページのQRコードをかざすだけ。非接触型のチェックインを独自開発し、宿泊客のストレスと無駄な時間をなくした。

2. 枕元集中コンセント

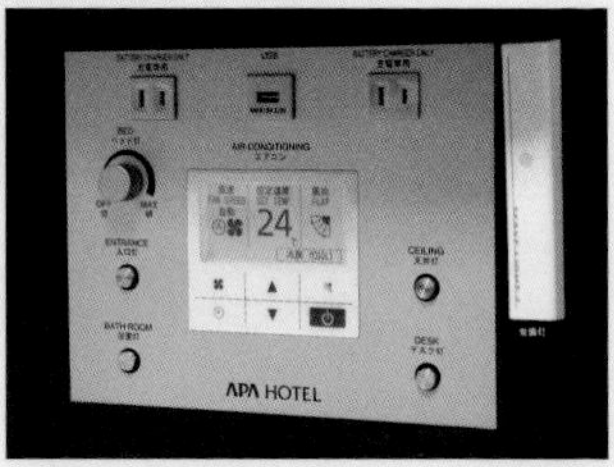

コンセント類は枕元に集中していて使いやすい。すべて合理性を考えて作られたアパホテルの客室。

3. エクスプレスチェックアウトポスト

「時は命なり」という代表の考えから生まれたアパホテル独自のシステム。これにルームキーを入れるだけでチェックアウトが完了する。手続きの煩わしさから解放される。

4. THE PREMIERE〈新潟駅 万代〉

ルームキーを持って外出すると、すべての電源がOFFになるシステムなど、ホテルのしくみを多く採用するアパの分譲マンション。繁華街に位置し、マイホテルとしてホテルを格安で使えるなど、オーナーのメリットも大きいのが特徴。

も

もっと知りたいを満たす『Apple Town』の想い

『Apple Town(アップルタウン)』は、世界の情報を暮らしに活かす情報発信マガジンとして、1990年に創刊された月刊誌。アパホテルの客室に常備されている。愛読者には各国大使や各界の著名人も多く、「APA的座右の銘」ではこの本にも登場する代表の格言をすべて読むことができる。

5. 月刊誌『Apple Town』

毎月5日に発行される、アパグループ発行の雑誌。
ホテルの各客室に常備されている。

て

低価格で居心地の良さを追求したアパホテル

ベッドやテレビが大きく、荷物はベッドの下に収納可能。アメニティは高品質のものが常備されている。客室は合理性が高くコンパクトなものから、広いスイートタイプまで用意されている。ロビーは重厚な天然石やシャンデリアなどが使用され、温泉が楽しめる大浴場も完備。顧客満足度を重視するアパホテルのおもてなしの気持ちが生かされている。

6. アパホテルプライド〈国会議事堂前〉

ラグジュアリーなインテリアが上質な非日常を演出。写真はロビー。

7. アパホテル&リゾート〈両国駅タワー〉大浴場

温泉で疲れが癒される、広々とした大浴場。この大浴場が気に入って宿泊するリピーターも多い。

8. アパホテル&リゾート〈両国駅タワー〉ラグジュアリーツイン

アパホテルには広いスイートルームタイプの客室も用意されている。

な

何人も実感できる幸せの食

ホテル最上階、プールや一面の夜景を見ながら味わう洗練された鉄板焼料理をはじめ、さまざまなジャンルの食を提供するレストランが併設されているアパホテル。第4章で登場した、片岡鶴太郎さんの描いた絵が飾られているアパホテル&リゾート〈東京ベイ幕張〉の「鉄板焼 七海」や、ロッテ「コアラのマーチ」とコラボしたダイニング&バー「スカイクルーズマクハリ」（50F）のスイーツビュッフェなど、レストラン巡りも楽しんでみたい。

9. アパホテル&リゾート〈両国駅タワー〉鉄板焼「THE 七海」

隅田川を見下ろすラグジュアリーな空間で楽しむ贅沢な旬の鉄板焼料理が人気。

目の前でフランベされるステーキに歓声が上がる。

10. ジャンボショートケーキ

し

支援で笑顔にする社会貢献

新型コロナ軽症者受け入れのため、最初に手を挙げたアパホテル。アパホテルは現在も数々のホテルを一棟丸ごと厚生労働省や自治体などに貸し出し、そこで働く医療従事者、自治体の職員へのサポートも行っている。また、これまでも国内外問わず、多くの社会貢献を行い、支援団体などから表彰されている。

11. APAの焼き印入り「ぱん士郎」の本食ぱん

新型コロナ軽症者受け入れで貸し出したホテルで働く医療従事者や関係者への支援物資としても「ぱん士郎」の本食ぱんが提供され、働く人を笑顔にしている。また、大正製薬、伊藤園、大幸薬品などの企業からもたくさんの支援物資をいただいた。

《 著者プロフィール》

元谷 拓 (TAKU MOTOYA)

アパホテル株式会社代表取締役専務。1975年石川県小松市生まれ。県立金沢二水高校、中央大学経済学部卒。大学1年時に宅地建物取引士に合格。北陸銀行にて3年間勤務。アパグループ取締役として入社。常務取締役、アパホテル代表取締役専務に就任。リポビタンD300万本、ベビースターラーメン 柿の種3種ミックス100万食配布等、各企業と400事例超のサンプリングやコラボレーションを実現。700万食を達成した「アパ社長カレー」のプロデューサーをはじめ、ポカリスエットプール（東京ベイ幕張）、キリンレモンプール（横浜ベイタワー）などのネーミングライツに従事。創刊31年を迎える月刊誌『Apple Town』企画・監修、各種商品開発などその活躍は幅広い。ビジネスマッチング、コラボレーション、企画立案、業務改善、セミナープロデュースなど講演実績多数。著書に『アパ社長カレーの野望』（青春出版社刊）。

アパグループ公式 HP　https://www.apa.co.jp/
アパホテル公式 HP　https://www.apahotel.com/

本の感想など、どんなことでも
お手紙をくださると嬉しいです。
私は、真剣に読みます。
元谷 拓

【お手紙の宛先】
〒104-8415
東京都中央区銀座7丁目16番3号
東京ニュース通信社　アライアンス推進部気付
元谷 拓　宛

※食品・現金など、お手紙以外のものの同封はご遠慮ください（編集部）

人生に奇跡を起こす
わらしべ長者の魔法

2021年5月10日　第1刷

著　者　元谷 拓

装丁・デザイン　西尾 浩・村田 江美

構　成　アイズファクトリー

編　集　黒岩 久美子

校　正　株式会社 鷗来堂

発行者　田中 賢一

発　行　株式会社 東京ニュース通信社
〒104-8415
東京都中央区銀座7-16-3
電話03-6367-8023

発　売　株式会社 講談社
〒112-8001
東京都文京区音羽2-12-21
電話03-5395-3606

印刷・製本　大日本印刷株式会社

ISBN978-4-06-523919-3